ma ✓ TO-DO LIST *grossesse*

REMERCIEMENTS

Merci à Chantal Birman, sans qui ce livre ne serait pas né.
Merci à Jacqueline Lavillonnière, Farida Hammani, Dominique Trinh Dinh, Jacques Gélis et Jeanne Bethuys pour leurs enseignements qui ont professionnellement et humainement nourris ce livre.

Merci, trois fois merci, à mon père pour ses corrections, sa disponibilité et sa réactivité.
Merci à J.-B. pour son soutien, sa patience, ses bons petits plats et tout le reste.
Merci à Bérengère pour sa collaboration, ses récréations, et simplement sa présence qui m'est si précieuse.

Sans oublier Vivaldi, Philippe Jaroussky, Nathalie Stutzmann, Plougrescant et ses marées, qui, sans s'en douter, ont participé à leur manière à cet ouvrage.

Édité par Hachette Livre (43 quai de Grenelle 75905 Paris Cedex 15)

41-0389-1/02
ISBN : 978-2-501-07643-2
Dépôt légal : janvier 2012

Achevé d'imprimer en décembre 2011 sur les presses de Unigraf en Espagne.

Crédits photos : © Shutterstock.

Couverture : Renne en crochet de coton biologique, 23 x 8 cm, 39 €, Anne-Claire Petit (www.anneclairepetit.nl).

Dessins de Corine Deletraz.

Maï Le Dû

ma TO-DO LIST grossesse

MARABOUT

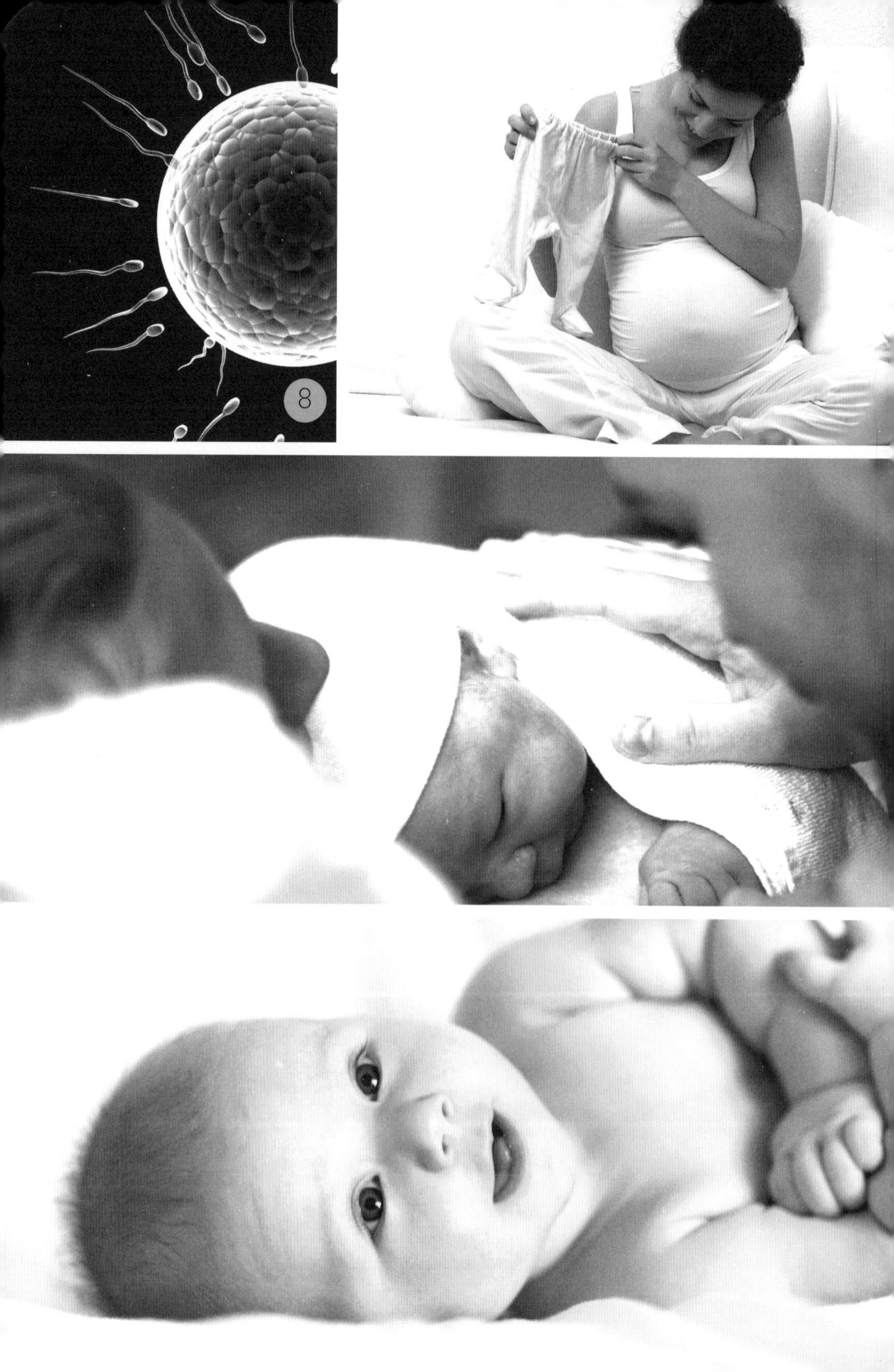
8

sommaire

introduction

Connaissez-vous cette comptine africaine qui résume la grossesse ? 1 + 1 = 1, puis 1 - 1 = 2...

Tout est dit.

On croyait savoir, mais on ne sait rien, rien n'est plus pareil, et d'ailleurs, rien ne sera plus jamais pareil. Pourtant, quelle évidence ! Évidence du corps, connaissance intuitive des signaux du changement. Faire confiance, se faire confiance, laisser parler les émotions et le ressenti pour se construire un nouveau corps et un nouveau statut : celui de mère. Ce mot étourdissant de bonheur, de frayeur, de sensualité et de responsabilité.

C'est tout ça, devenir mère. Ça se construit, ça s'apprend, il faut du temps et gagner de la confiance en soi.

Mon travail de sage-femme, je le conçois ainsi. Vous permettre de vous connaître, vous guider dans cette quête de vous-même, vous aider à comprendre et à accepter l'évidence que c'est VOUS qui savez.

Pour cela, je vous livre quelques pistes pour comprendre et ne pas prendre peur, quelques « trucs pratiques » pour accompagner et adoucir les bouleversements.

Durant toutes ces années, j'ai eu la chance d'accompagner des femmes, des couples, et d'accueillir des nouveaux-nés en ayant le temps de les écouter et de les entendre.

introduction

Ah, le temps... Ce luxe qui est l'essence même de la vie. Oui, il faut du temps pour concevoir un enfant, du temps pour qu'il prenne racine dans notre réalité, du temps pour qu'il se décide à naître, et surtout, il faut lui laisser le temps de naître.

Les femmes m'ont offert leurs doutes, leurs questions, leurs certitudes, leurs états d'âme et leurs fous rires, et ce qu'elles m'ont appris est l'encre de ce livre. Ce sont elles, toutes, qui ont élaboré cet ouvrage, rencontre après rencontre, et ce livre est le leur.

C'est à vous désormais, qui débutez l'aventure, de vous approprier ces pages au rythme de votre grossesse. Dévorez-les ou picorez-les, c'est vous qui choisissez...

Vous connaîtrez à votre tour des joies, des doutes, des ras le bol, des « quelle idée j'ai eu, j'étais plus tranquille avant », des purs instants de bonheur, et vous écrirez la suite de votre histoire à votre image. J'ai conçu ce livre comme un compagnon de route, un confident, une main doucement posée sur votre ventre rond qui vous accompagnera et vous aidera, comme partenaire de votre sage-femme ou de votre médecin du quotidien.

Alors... je la pose, ma main ?

avant de commencer

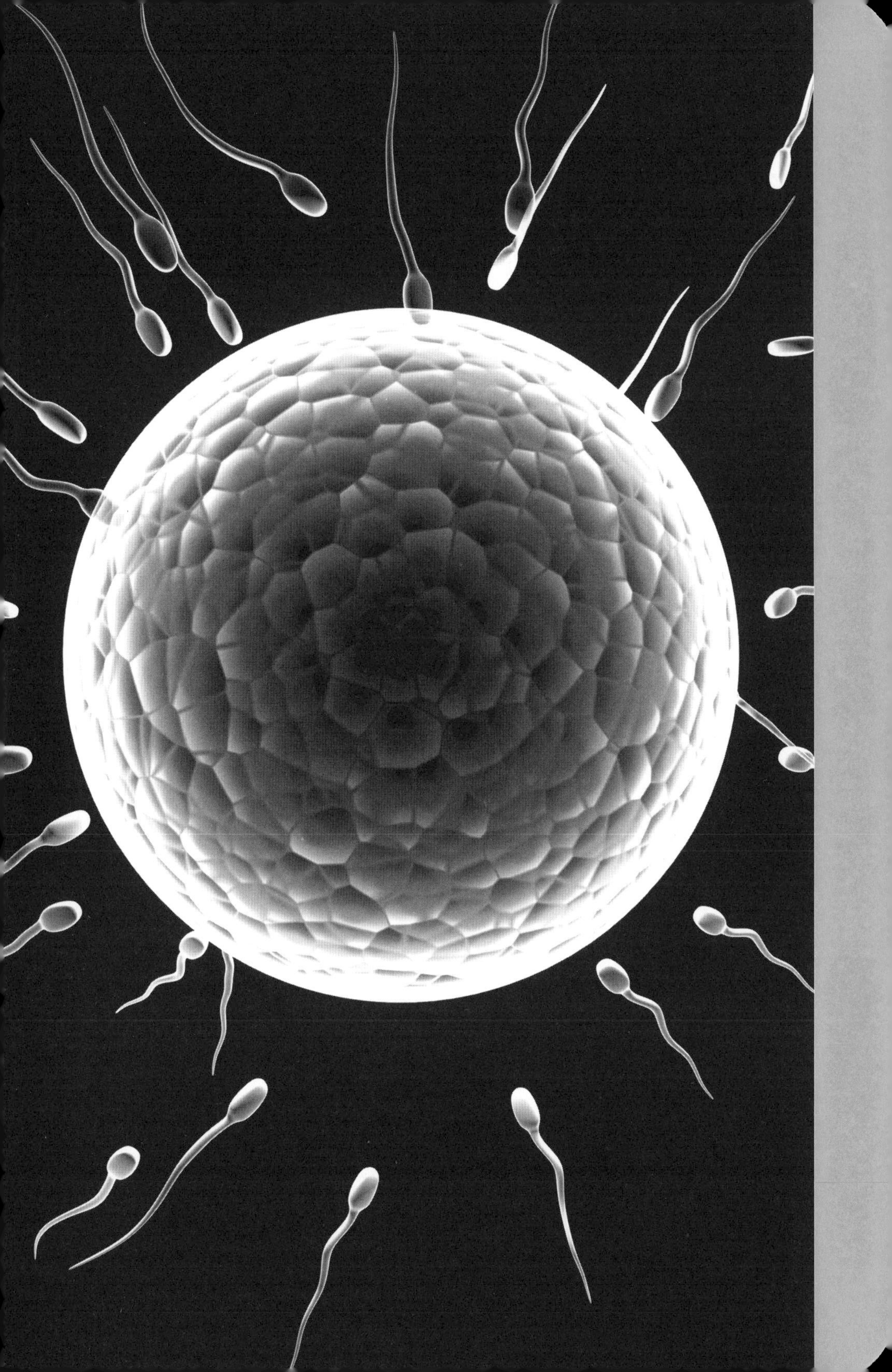

les 2 notions clés de la physiologie féminine

Conseil de pro

Si vous lisez ce chapitre avant d'être enceinte, que vous êtes à l'étape du désir de grossesse, sachez qu'il peut être intéressant de consulter une sage-femme ou un médecin afin de bénéficier d'ores et déjà de conseils hygiéno-diététiques, et de prendre un supplément d'acide folique, conseillé en prise systématique dans la période « autour » de la conception d'un enfant. Cet apport diminue le risque de certaines malformations neurologiques du fœtus.

Il est important de connaître quelques notions de votre physiologie, pour pouvoir bien comprendre ce qui passe en vous. Pourquoi la date de vos dernières règles intéresse-t-elle autant le monde médical ? Et au fait... comment a-t-elle vraiment débuté, cette aventure ?

1 Le cycle menstruel

Le cycle menstruel rythme la physiologie de la femme. Il correspond au cheminement de la cellule reproductrice, l'ovocyte, et de l'organe qui accueille l'œuf fécondé en cas de grossesse, l'utérus. Ce cycle dure en principe 28 jours, mais il peut varier en fonction de chaque femme et même en fonction des mois chez une même femme.
Le cycle est structuré en deux parties, scindées par l'ovulation. Ces parties peuvent être de durée égale si le cycle est de 28 jours (14 jours, puis 14 jours), et inégale s'il est plus court ou plus long : la 2de partie du cycle allant de l'ovulation au 1er jour des règles suivantes dure invariablement 14 jours, cette durée ne peut pas changer. Ainsi, si vous avez un cycle plus court, l'ovulation a lieu plus rapidement après les règles, et plus tard si votre cycle est long.

On désigne le premier jour des règles comme étant le premier jour du cycle.

Les **règles** correspondent à l'évacuation de la muqueuse qui tapisse l'intérieur de l'utérus. Dans le cas de l'arrivée des règles, cette muqueuse, qui a pour objectif d'accueillir un œuf fécondé, n'a pas été utilisée, et est donc éliminée. Une nouvelle pousse recommencera aussitôt.
Quand il y a eu fécondation, les signaux hormonaux sont donnés à l'utérus afin que cette « moquette moelleuse » continue à se développer et à s'enrichir pour servir

de nid à l'embryon nouvellement formé, et lui permettre de se développer et de devenir un bébé.

Les **ovaires** sont des usines à cellules reproductrices appelées « ovocytes ». Elles fonctionnent à tour de rôle, un cycle à gauche, un cycle à droite : un modèle d'alternance ! En début de cycle, un ovocyte commence à se préparer dans l'ovaire pour une sortie et une éventuelle rencontre avec une cellule mâle, le **spermatozoïde**. Cet ovocyte va mûrir jusqu'à devenir ovule, stade où il est prêt pour la fécondation. À ce moment précis, l'ovaire le libère sous l'effet de sécrétions hormonales : c'est l'**ovulation**. L'ovule commence alors son voyage : capté par la **trompe de Fallope**, il va jusqu'à l'ampoule, une sorte d'aire de repos où il attend les spermatozoïdes qui vont arriver en nombre s'il y a eu un rapport sexuel avec éjaculation dans le vagin. Il ne s'agit pas d'une attente passive, puisque certains chercheurs pensent que c'est l'ovule lui-même qui attire les cellules mâles par une sécrétion chimique... Les 300 millions de spermatozoïdes déposés dans la cavité vaginale vont être sélectionnés par la glaire du col de l'utérus, qui en éliminera déjà près de 99 % ! Environ 1 heure après le rapport sexuel, la centaine de spermatozoïdes sélectionnée arrive à l'ovule. Un seul spermatozoïde parviendra à pénétrer dans l'ovule pour former l'œuf, futur embryon qui sera donc constitué pour moitié des caractères portés par les cellules de la mère et pour l'autre moitié par ceux portés par les cellules du père. Mais il n'y a pas de vainqueur à chaque fois : on estime que la chance de grossesse à chaque cycle est d'environ 20 % quand la femme a 25 ans, et cette probabilité décroît avec l'âge.

2 La conception spontanée

Le moment propice à la conception d'un enfant est celui de l'ovulation. Si le spermatozoïde n'a qu'une durée de vie de quelques jours, l'ovule, lui, ne vit que 24 heures. Pour avoir un maximum de chances de concevoir un enfant, il est donc préférable que le rapport sexuel ait lieu dans les trois jours qui précèdent l'ovulation... sauf que l'on ne peut jamais être certaine de la date de l'ovulation, ce serait trop facile !
Comme nous l'avons vu, la période d'ovulation dépend de la durée du cycle. N'oubliez pas que les « règles » observées quand vous prenez la pilule ne sont pas des règles ! Ce sont des saignements qui surviennent du fait de la privation en hormone due à l'arrêt de la prise de comprimés entre les plaquettes : mais cela ne correspond en rien à la réalité d'un cycle. Vous connaîtrez la durée de vos cycles spontanés au bout de quelques mois d'observation du fonctionnement de votre corps sans prise hormonale. On peut alors souvent repérer la période d'ovulation, qui correspond à la période où les sécrétions vaginales sont plus abondantes, élastiques, transparentes. Si vous souhaitez faire un bébé, c'est le moment ! Pour repérer l'ovulation, la technique traditionnelle de la courbe de température est très efficace. Elle repose sur le principe que l'ovulation est précédée d'une élévation de la température corporelle. Il faut donc que vous preniez votre température chaque matin à la même heure pour repérer le pic.

✔ Petits calculs

- « Il y a en général 25 jours entre le 1er jour de mes règles et le 1er jour des règles suivantes » : votre ovulation a donc lieu vers le 11e jour du cycle (11 jours après le début des règles).
- « Il y a en général 32 jours entre le 1er jour de mes règles et le 1er jour des règles suivantes » : votre ovulation a donc lieu vers le 18e jour du cycle (18 jours après le début des règles).

les 4 éléments à connaître de l'anatomie féminine

Conseil de pro

Le « hamac périnéal », qui est constitué sur plusieurs plans, a trois grandes fonctions remarquables :
- *soutenir les organes en condition de pression vers le bas (lorsque l'on fait des efforts en utilisant mal ses abdominaux, quand on tousse, que l'on se mouche, que l'on a un fou rire...) ;*
- *assurer la bonne continence par une musculature efficace des sphincters de l'urètre (urines) et de l'anus (gaz, selles) ;*
- *permettre des sensations (en principe agréables) pendant les rapports sexuels avec pénétration vaginale, puisque le vagin est comme gainé par les muscles périnéaux.*

Périnée, bassin, utérus, vagin... Au cours des semaines et des mois à venir, vous allez découvrir ou redécouvrir ces parties de vous-même. Elles vont en effet se modifier, évoluer, et vous allez les ressentir. Repérez votre anatomie à l'aide de ce chapitre, et vous pourrez plus aisément suivre et comprendre les merveilleuses évolutions de votre corps.

1 Le périnée

Le périnée est un élément primordial de votre anatomie, et le comprendre va vous permettre d'ajuster vos postures et de mieux vous connaître. D'autant plus que son rôle est capital lors de l'accouchement.
Le périnée est un ensemble de muscles qui s'entrecroisent d'avant en arrière et latéralement, sur plusieurs niveaux, pour former comme un grand hamac dans votre bassin. Ce grand hamac étant musculaire, il est dynamique, réactif. En situation normale, les organes tels que la vessie ou l'utérus ne reposent pas directement sur ce muscle car ils sont suspendus au-dessus grâce à des ligaments. Cependant, des pressions trop importantes vers le bas peuvent amener à une « poussée » sur ces organes qui sollicite alors directement les muscles du périnée.
Le périnée peut être tendu ou détendu (comme un tissu sur lequel on appuie, avant de le relâcher), et il peut être contracté ou décontracté comme tout muscle. Pour accoucher, il faudra qu'il soit le plus détendu et décontracté possible pour permettre à bébé de descendre dans le bassin et de passer la dernière porte (la vulve) plus facilement. Mais cela, nous y reviendrons...

2 Le bassin

Le bassin est une partie du squelette qui est facilement repérable au toucher. Tout d'abord, imaginons-le-nous en position debout : il est un peu comme un bol renversé vers l'avant. Il est constitué de 2 os, les os iliaques, réunis en avant par un ligament qui les attache pour former la symphyse du pubis. Vous pouvez repérer les crêtes des os iliaques en touchant vos hanches, et votre symphyse pubienne en touchant en avant, au-dessus de la vulve. En arrière, les os iliaques s'attachent au sacrum, un os long qui est une fusion de vertèbres et qui se termine par le coccyx que l'on peut repérer en mettant le doigt juste au-dessus de l'anus. Leur rôle est important au cours de la grossesse. Les ligaments d'attache vont se détendre progressivement, tandis que votre posture va s'adapter à la présence de votre enfant au fur et à mesure qu'il prendra du volume. Comme nous le verrons, il vous faudra adapter vos attitudes pour éviter les désagréments que ces changements pourraient causer.

3 L'utérus, les ovaires et les trompes

Les ovaires sont les glandes sexuelles féminines qui secrètent des hormones (les œstrogènes et la progestérone) et produisent les cellules reproductrices appelées « ovules ». Ils font quelques centimètres de diamètre et sont fermement attachés par des ligaments sous les trompes de Fallope, petits tubes d'une dizaine de centimètres de long. Ces trompes s'abouchent respectivement en haut à droite et à gauche de l'utérus, et sont le siège de la rencontre entre l'ovule et les spermatozoïdes. L'utérus est un muscle qui, en dehors de la grossesse, mesure environ 5 cm sur 3 cm et se présente un peu comme une bouteille à l'envers, le contenant de la bouteille étant le corps de l'utérus (partie qui grandit au cours de la grossesse), et le goulot étant le col de l'utérus, qui, lui, reste de longueur à peu près stable (environ 4 cm) jusqu'à son effacement au cours de l'accouchement.

Le col est accessible au toucher tout au fond du vagin, sa consistance ferme faisant au bout du doigt un peu comme un bout du nez.

4 Le vagin, la vulve et le clitoris

Le vagin est un organe interne qui a une forme de fourreau (c'est d'ailleurs son étymologie latine, *vagina*). Il est « gainé » par les muscles du périnée et tapissé d'une muqueuse. Son entrée se situe au niveau de la vulve et elle est protégée par les petites lèvres et les grandes lèvres qui recouvrent les 3 orifices vulvaires et le clitoris.

☑ ***ma***
to-do list

le premier mois

les 4 semaines du 1er mois

Parole de sage-femme

“… et vous, pendant ce temps, vous avez 2 semaines de retard de règles et vous commencez à y croire sérieusement !”

Quelle richesse, ce premier mois ! Vous ne savez pas encore que vous êtes enceinte et cependant, les cellules se multiplient, grossissent, s'organisent… presque « dans votre dos » !

1 1re semaine de grossesse, 3e semaine d'aménorrhée

La fécondation est l'union de deux cellules, l'ovocyte qui mesure 150 millièmes de millimètre de diamètre (c'est très gros pour une cellule) et le spermatozoïde qui, lui, est très petit pour une cellule humaine (du coup, ils s'y mettent à 400 millions quand même !).
Cette première semaine est intense : fécondation, segmentation, migration, nidation… (voir p. 21). À la fin de cette période, l'amas de cellules appelé « blastocyste » mesure 250 millièmes de millimètre.

2 2e semaine de grossesse, 4e semaine d'aménorrhée

Les cellules s'organisent dans le blastocyste, formant en couronne le futur placenta, et, au centre, l'embryon (appelé à ce stade « disque embryonnaire », composé de deux feuillets de cellules). Il mesure entre 0,1 et 0,2 mm de long.

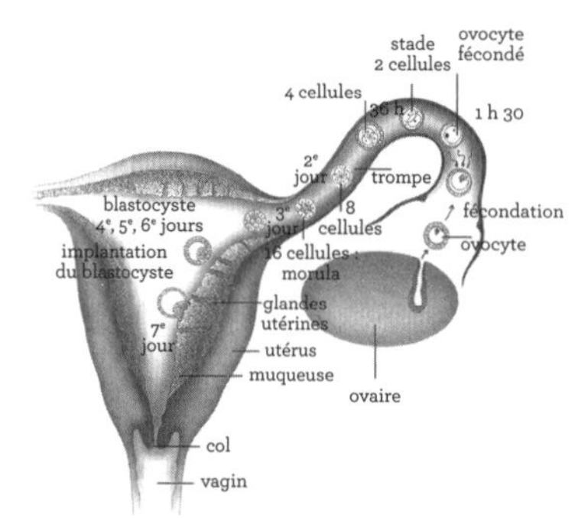

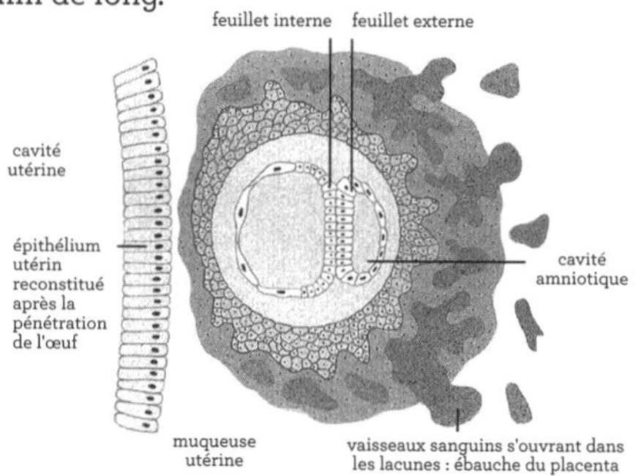

3 3e semaine de grossesse, 5e semaine d'aménorrhée

La taille du blastocyte passe, au cours de cette seule semaine, de 0,2 mm à 1,5 mm.
Le feuillet externe se sépare en deux : l'embryon est désormais constitué de 3 feuillets.
La période de différenciation cellulaire va débuter, chaque cellule se spécialisant pour donner les futurs organes. Les appareils digestif et respiratoire naissent du feuillet interne. Le système nerveux, les organes sensoriels et les tissus comme la peau, les ongles, les poils et les cheveux se forment à partir du feuillet externe.
Le feuillet médian, quant à lui, est à l'origine du squelette, des muscles, du système cardiaque et circulatoire ainsi que des glandes sexuelles. À la fin de cette 5e semaine d'aménorrhée, un événement prodigieux se produit : un battement, abrité par l'ébauche du cœur, se fait entendre...

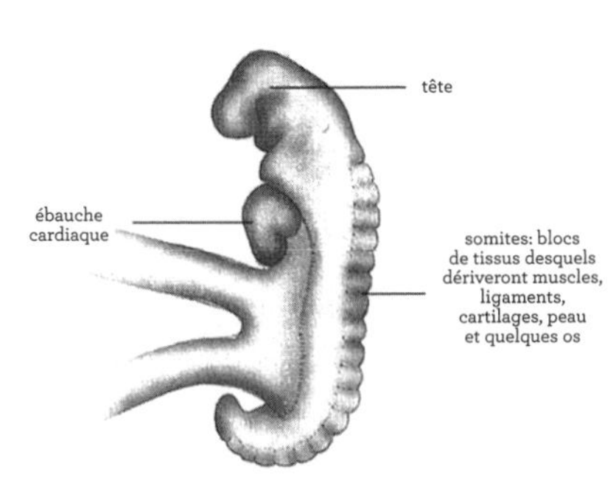

Votre bébé à la fin de sa 3e semaine (une semaine de retard des règles).

4 4e semaine de grossesse, 6e semaine d'aménorrhée

La croissance de l'embryon est très rapide : mesurant 1,5 mm au 21e jour, il passe à 5 mm au 28e jour.
Cette quatrième semaine est le début de la formation de tous les organes, processus appelé « organogénèse ».
L'embryon prend alors sa forme caractéristique de petit haricot, avec une tête, une queue, un enroulement sur lui-même. Il est relié à la paroi de la cavité amniotique par l'ébauche du cordon ombilical. Les bourgeons des membres apparaissent, les bras d'abord, puis les jambes. Les vaisseaux sanguins s'organisent, entrent en contact avec les villosités du placenta. Les échanges vont pouvoir fonctionner, d'autant que le sang se forme et se met à circuler dans l'embryon.
La moelle épinière s'est formée. Les bulbes précurseurs du cerveau sont en place.
L'oreille interne, l'œil, la mâchoire, la langue apparaissent sous la forme de bourgeons.
L'intestin primitif donne naissance aux futurs foie, pancréas et vésicule biliaire.
L'arbre respiratoire s'amorce, tout comme la thyroïde et l'hypophyse. À l'autre extrémité, c'est la vessie qui s'installe.

☑ ***ma***
to-do list

Voici un tableau magique, en foncé la date du premier jour de vos dernières règles, et en clair la date présumée de l'accouchement.

Janv.	1	2	3	4	5	6	7	8	9	10	11	12	13	14	15	16
Oct.	15	16	17	18	19	20	21	22	23	24	25	26	27	28	29	30
Fév.	1	2	3	4	5	6	7	8	9	10	11	12	13	14	15	16
Nov.	15	16	17	18	19	20	21	22	23	24	25	26	27	28	29	30
Mars	1	2	3	4	5	6	7	8	9	10	11	12	13	14	15	16
Déc.	13	14	15	16	17	18	19	20	21	22	23	24	25	26	27	28
Avril	1	2	3	4	5	6	7	8	9	10	11	12	13	14	15	16
Janv.	13	14	15	16	17	18	19	20	21	22	23	24	25	26	27	28
Mai	1	2	3	4	5	6	7	8	9	10	11	12	13	14	15	16
Fév.	12	13	14	15	16	17	18	19	20	21	22	23	24	25	26	27
Juin	1	2	3	4	5	6	7	8	9	10	11	12	13	14	15	16
Mars	15	16	17	18	19	20	21	22	23	24	25	26	27	28	29	30
Juil.	1	2	3	4	5	6	7	8	9	10	11	12	13	14	15	16
Avril	14	15	16	17	18	19	20	21	22	23	24	25	26	27	28	29
Août	1	2	3	4	5	6	7	8	9	10	11	12	13	14	15	16
Mai	15	16	17	18	19	20	21	22	23	24	25	26	27	28	29	30
Sept.	1	2	3	4	5	6	7	8	9	10	11	12	13	14	15	16
Juin	14	15	16	17	18	19	20	21	22	23	24	25	26	27	28	29
Oct.	1	2	3	4	5	6	7	8	9	10	11	12	13	14	15	16
Juil.	14	15	16	17	18	19	20	21	22	23	24	25	26	27	28	29
Nov.	1	2	3	4	5	6	7	8	9	10	11	12	13	14	15	16
Août	14	15	16	17	18	19	20	21	22	23	24	25	26	27	28	29
Déc.	1	2	3	4	5	6	7	8	9	10	11	12	13	14	15	16
Sept.	13	14	15	16	17	18	19	20	21	22	23	24	25	26	27	28

Évidemment, ce tableau ne marche que si vos cycles durent 28 jours !

17	18	19	20	21	22	23	24	25	26	27	28	29	30	31	Janv.
31	1	2	3	4	5	6	7	8	9	10	11	12	13	14	Nov.
17	18	19	20	21	22	23	24	25	26	27	28	-	-	-	Fév.
31	1	2	3	4	5	6	7	8	9	10	11	-	-	-	Déc.
17	18	19	20	21	22	23	24	25	26	27	28	29	30	31	Mars
29	30	31	1	2	3	4	5	6	7	8	9	10	11	12	Janv.
17	18	19	20	21	22	23	24	25	26	27	28	29	30	-	Avril
29	30	31	1	2	3	4	5	6	7	8	9	10	11	-	Fév.
17	18	19	20	21	22	23	24	25	26	27	28	29	30	31	Mai
28	29	30	31	1	2	3	4	5	6	7	8	9	10	11	Mars
17	18	19	20	21	22	23	24	25	26	27	28	29	30	-	Juin
31	1	2	3	4	5	6	7	8	9	10	11	12	13	-	Avril
17	18	19	20	21	22	23	24	25	26	27	28	29	30	31	Juil.
30	1	2	3	4	5	6	7	8	9	10	11	12	13	14	Mai
17	18	19	20	21	22	23	24	25	26	27	28	29	30	31	Août
31	1	2	3	4	5	6	7	8	9	10	11	12	13	-	Juin
17	18	19	20	21	22	23	24	25	26	27	28	29	30	-	Sept.
30	1	2	3	4	5	6	7	8	9	10	11	12	13	-	Juil.
17	18	19	20	21	22	23	24	25	26	27	28	29	30	31	Oct.
30	31	1	2	3	4	5	6	7	8	9	10	11	12	13	Août
17	18	19	20	21	22	23	24	25	26	27	28	29	30	-	Nov.
30	31	1	2	3	4	5	6	7	8	9	10	11	12	-	Sept.
17	18	19	20	21	22	23	24	25	26	27	28	29	30	31	Déc.
29	30	1	2	3	4	5	6	7	8	9	10	11	12	13	Oct.

les 3 choses qui se passent en vous... sans que vous soyez au courant

Parole de sage-femme

“Libérées en grande quantité, les hormones de gestation vont être la cause directe de nausées et petits malaises divers bien connus des femmes enceintes. Acceptez ces ennuis en connaissance de cause, en gardant présent à l’esprit votre objectif : votre bébé. Il va faire d’étonnants progrès au cours de ce premier mois : de simple cellule, il va devenir un petit être de quelques millimètres avec un cœur qui bat !”

Votre corps travaille en silence. Il sécrète des hormones, fabrique des cellules, alors que vous ne soupçonnez pas encore cette activité. Voici les premières étapes du développement, avant même que le retard de règles n’éveille votre attention...

1 La segmentation cellulaire

Environ 30 heures après la fécondation, la cellule formée par moitié de l’apport du spermatozoïde et de l’ovule va se diviser en deux cellules identiques. En 2 à 3 jours, l’œuf est constitué de 4, puis 8 cellules... Jusqu’à ressembler à une petite mûre au 2e jour après la fécondation. On l’appelle alors « morula ».
À partir du 4e jour, les cellules de la morula se séparent en deux groupes, qui deviendront respectivement l’embryon et le placenta ; on parle alors de blastocyste.

2 La migration

Dès sa formation dans la trompe de Fallope, la morula est mise en mouvement par les cils vibratiles qui la poussent vers la cavité de l’utérus. Elle l’atteindra entre le 4e et le 5e jour, et y flottera, pour finalement s’implanter au 7e jour, soit environ 3 semaines après le premier jour de vos dernières règles.

3 La nidation

La muqueuse utérine, bien épaisse, irriguée, riche en cellules nourricières, va accueillir et nourrir le blastocyste jusqu'à ce que les premières ébauches du placenta, appelé à ce stade « trophoblaste », ne prennent le relais au 13e jour. Cette étape s'appelle la nidation. L'ovaire, de son côté, sécrète de la progestérone, hormone décontractante du muscle qui empêche ainsi l'utérus de chasser l'œuf. Sans les messages chimiques transmis par les phénomènes de la fécondation, cette sécrétion ne se fait pas et l'utérus évacue la muqueuse utérine : ce sont les règles.

4e, 5e jours : l'œuf flotte librement dans la cavité utérine.

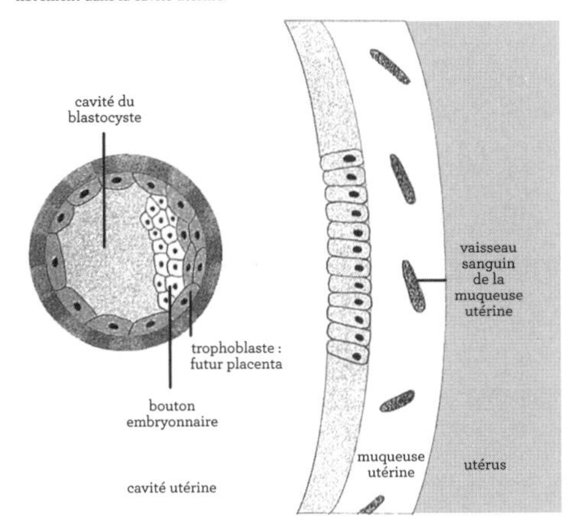

8e jour : implantation de l'œuf dans la muqueuse utérine et formation de la cavité amniotique.

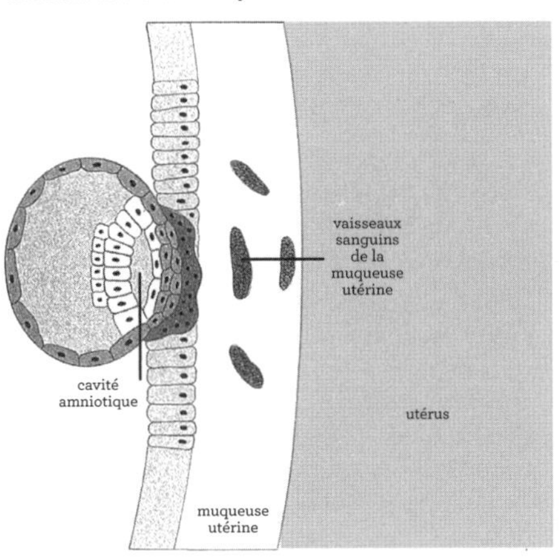

7e jour : début d'implantation de l'œuf dans la muqueuse utérine.

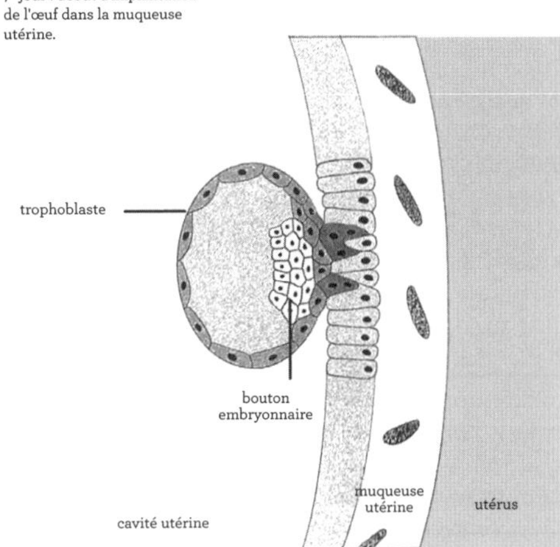

10e jour : l'œuf est entièrement installé dans la muqueuse utérine.

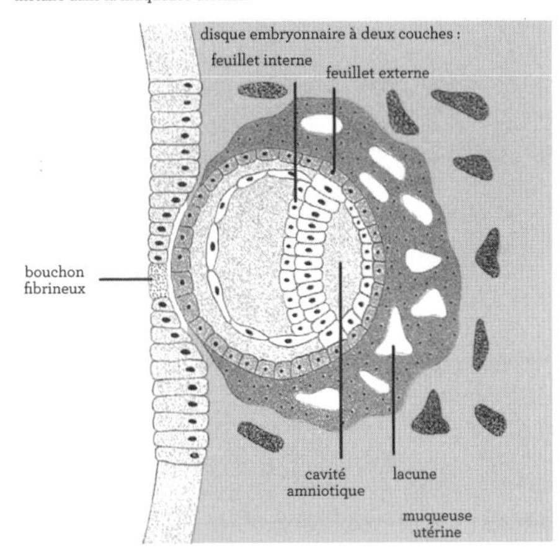

les 5 ennemis du début de la grossesse

> ## Conseil de pro
>
> *Limitez-vous strictement aux produits conseillés par votre sage-femme, votre médecin ou votre pharmacien. Pas d'automédication, c'est une règle d'or durant toute la durée de la grossesse et de l'allaitement.*

Votre corps est encore silencieux, vous ne savez pas encore que la vie bourgeonne en vous. Et pourtant, ce stade est fondamental dans la mise en place de la structure de l'embryon. Le processus est merveilleusement bien huilé, mais un grain de sable peut en perturber le mécanisme. Voici quelques dangers à éviter absolument.

1 Les rayons X

Une radio pulmonaire pour une visite médicale d'embauche, une radio de contrôle ? Attention, si vous avez arrêté votre contraception et qu'il se puisse que vous soyez enceinte, surtout, refusez-la. En principe, ces précautions sont prises par le médecin prescripteur de l'examen et vérifiées par le manipulateur radio, mais un oubli est toujours possible. Soyez donc toujours vigilante. Les rayons utilisés lors des examens radiologiques peuvent être très nocifs, et même provoquer une fausse couche. L'échographie, elle, utilise des ultrasons sans aucun danger pour la grossesse.

2 Les médicaments

Certaines molécules sont dangereuses pour le développement d'une grossesse. Absorbées dans les premières semaines après la fécondation, elles seront surtout responsables de fausses couches, c'est-à-dire d'évacuation pure et simple de l'œuf. Durant toute la période de fabrication de l'embryon appelée « embryogénèse », qui dure les trois premiers mois de la grossesse, il existe un risque important de malformations si vous absorbez certaines molécules.

3 Les produits inhalés toxiques

Nous sommes volontiers vigilants sur ce qui s'absorbe par la bouche, mais bien moins méfiants quand il s'agit des produits inhalés. Pourtant, leurs principes actifs et toxiques vont également passer dans votre sang, puis dans celui de votre bébé... Peintures, détergents, insecticides, cosmétiques et bien d'autres produits ont une toxicité potentielle. Utilisez facilement un masque pour manipuler ces produits, car si certains sont d'ores et déjà reconnus fâcheux pour la santé, la plupart ont un impact simplement méconnu. Pour vous donner un ordre d'idée, sur les 100 106 molécules chimiques recensées (Bureau d'évaluation des risques des produits et agents chimiques) constituant notre environnement, seules 3 000 avaient été étudiées en 2007... Prudence !
Si vous manipulez des produits dangereux dans le cadre de votre activité professionnelle, vérifiez avant la grossesse leur risque sur l'embryon. Des aménagements de poste ou des précautions particulières doivent alors être envisagés rapidement.

4 Les aliments à éviter

Les aliments qu'il sera bon d'éviter dès la conception sont ceux qui peuvent être vecteur des agents infectieux dont nous parlerons longuement, principalement toxoplasme (seulement si vous n'êtes pas immunisée) et listéria.
Évitez de toute façon les fromages à pâte molle au lait cru non pasteurisés, certains produits de charcuterie qui n'ont pas été cuits ou recuits avant consommation (rillettes, pâtés, foie gras, produits en gelée), et les produits d'origine animale consommés crus ou peu cuits (viandes, coquillages, poissons crus – par exemple les sushis –, poissons fumés). En l'absence d'immunité contre la toxoplasmose, évitez les viandes crues, peu cuites, marinées ou fumées, et les légumes, fruits et herbes qui ont été en contact avec la terre et qui sont mal lavés. Pour plus de détails, rendez-vous page 27.

5 L'alcool et autres toxiques

Il est important de vous abstenir de toute prise d'alcool dès que vous êtes potentiellement enceinte. En effet, le passage sanguin rapide et massif crée une alcoolémie importante chez l'embryon et le fœtus, qui peut altérer le développement de son cerveau. On ne connaît pas de dose minimale en dessous de laquelle il n'existerait aucun retentissement possible. En l'absence de données, on utilise donc le principe de précaution, qui consiste à conseiller de ne pas consommer du tout d'alcool.
Mais attention, gare à la psychose ! Si vous avez bu un apéritif ou un verre de vin avant de faire le diagnostic de votre grossesse, pas d'alarme, votre enfant ne risque rien... Évitez désormais une nouvelle prise d'alcool, mais c'est tout. J'insiste de nouveau sur le principe de précaution, en sachant que les conséquences malformatives décrites chez les nouveaux-nés l'ont été après des alcoolisations durables et sévères des mères.
Le tabac est bien entendu à éviter en ce début de grossesse. Cependant, il n'a pas d'effet directement malformatif sur l'embryon. Il faudra envisager si possible d'arrêter de fumer pour éviter la toxicité de la cigarette au cours de la grossesse. Une forte intoxication tabagique est responsable d'une plus grande fréquence des fausses couches.

☑ ***ma***
to-do list ______

______

______

______

______

______

______

les 5 questions
à se poser sur les médicaments

Laetitia, 32 ans

“ Lors de ma première grossesse, j'ai souffert de terribles allergies saisonnières... Il semblait que la seule solution était que je reste cloîtrée chez moi durant tout le printemps : ma sage-femme s'est alors adressée à un centre de référence, qui a pu lui conseiller une molécule efficace et sans danger pour le bébé à une posologie précise. Prescription faite, j'ai pu passer un printemps épanoui ! ”

L'éviction de toute substance médicamenteuse est de règle dès la période de la conception d'un enfant afin de ne prendre aucun risque pour une grossesse débutante. Il se peut néanmoins que votre état de santé nécessite la prise d'un traitement ou que vous ayez été traitée avant d'avoir connaissance de votre état. Voici quelques réponses aux questions que vous vous posez.

1 Je prends un traitement pour une maladie, que dois-je faire ?

Tout d'abord, il faut savoir si ce médicament est compatible ou non avec la survenue d'une grossesse. Certaines molécules sont dites « tératogènes », c'est-à-dire qu'elles provoquent de graves malformations chez le bébé. Ces remèdes sont bien entendu à proscrire totalement en cas de projet de grossesse. Le problème est l'équilibre de votre état de santé : la maladie qui vous contraint à ce traitement est-elle compatible avec une grossesse ? Pouvez-vous supporter l'arrêt de votre traitement sans nuire à votre équilibre ? Existe-t-il un traitement alternatif compatible avec une grossesse ?
Tous ces sujets sont à discuter avec votre médecin si possible AVANT d'être enceinte afin de mettre en place une surveillance, une diminution, voire un changement de traitement.

2 J'ai pris un médicament sans savoir que j'étais enceinte. C'est grave, docteur ?

Une grossesse n'est pas forcément programmée ou, si elle tarde à venir, il se peut que votre vigilance s'émousse au fil des mois... Un traitement prescrit par votre médecin pour une petite affection passagère est rarement dangereux pour un début de grossesse. Si vous avez le projet d'être enceinte, je vous conseille de le préciser à votre médecin traitant, qui évitera d'emblée les molécules pour lesquelles le doute est permis. Si vous n'apprenez votre grossesse qu'après la prise du traitement, parlez-en à votre médecin ou à votre pharmacien. En cas de doute, ils pourront s'adresser à un centre de référence (centres de pharmacovigilance présents dans de nombreux centres hospitaliers universitaires) qui leur donnera un renseignement fiable. Il est presque toujours indiqué sur la notice présente dans la boîte du médicament qu'il faut éviter de le prendre pendant la grossesse : surtout pas de panique ! Il s'agit la plupart du temps d'un principe de précaution, pas forcément en lien avec un danger réel.

3 J'ai besoin de me soigner. Que puis-je prendre ?

Une petite affection est toujours possible pendant la grossesse. Alors quid des médicaments ? Même si l'on préfère toujours les remèdes de grand-mère utilisant surtout le bon sens, la patience et quelques produits du quotidien, il peut être nécessaire de prescrire un traitement allopathique. Sachez que beaucoup de médicaments sont parfaitement compatibles avec la grossesse à des doses efficaces. Beaucoup d'antibiotiques ne sont pas contre-indiqués, et on peut espérer que de toute façon, s'ils vous sont prescrits, c'est que le bénéfice escompté est supérieur au risque pris ! Certaines affections particulièrement handicapantes peuvent être soignées, même si beaucoup de médecins sont réticents par excès de prudence (ce qui est cependant toujours préférable à la négligence !). Dans tous les cas, renseignez-vous toujours auprès de votre sage-femme, de votre médecin, ou de votre pharmacien, et **ne prenez jamais aucun médicament sans prescription**.

4 Puis-je me faire vacciner ?

Certaines vaccinations sont possibles durant la grossesse. Encore une fois, il vous faudra mesurer l'intérêt de le faire à ce moment précis. Les vaccins élaborés à partir de souches tuées ou inactivées sont possibles : grippe, tétanos, diphtérie, poliomyélite, coqueluche, hépatite B. Il faudra en revanche proscrire absolument tout vaccin de type « vivant atténué » : rubéole, rougeole, oreillons, BCG, typhoïde, fièvre jaune.

5 Et le dentiste ?

Les soins dentaires sont pour la plupart possibles pendant la grossesse. Il faut toujours soigner une dent cariée ou une infection, le risque d'aggravation pris en laissant traîner le problème étant toujours important. Il existe des anesthésiques locaux, des antiseptiques et des antibiotiques utilisables chez la femme enceinte. Certains soins non urgents peuvent être repoussés à une période ultérieure, si possible après l'allaitement maternel. On sait par exemple que la manipulation de certains amalgames peut poser des problèmes de passage dans le sang ou le lait maternel. Là encore, votre dentiste pourra vous renseigner sur les soins et produits médicamenteux sans risques.

☑ ***ma*** to-do list ______________

____

____

____

les 4 règles pour bien s'alimenter pendant la grossesse

La prise de poids moyenne pour une femme de 60 kg est d'environ 12 kg, répartis à peu près comme ceci :

- *Bébé : 3,5 kg*
- *Placenta : 0,7 kg*
- *Liquide amniotique : 0,9 kg*
- *Croissance de l'utérus : 0,9 kg*
- *Augmentation du volume des seins : 700 g*
- *Augmentation du volume sanguin circulant : 1,8 kg*
- *Graisses : 3 g*

Vous n'êtes plus seule dans votre corps, et votre alimentation va conditionner votre bon état de santé et celui de votre enfant. Certains besoins varient au cours de la grossesse afin de faire face aux nouvelles demandes de votre corps et de votre bébé. Votre organisme va mettre naturellement en place des mécanismes pour répondre à la plupart d'entre eux : à vous de l'aider en respectant ces quelques règles.

1 Veillez à un bon équilibre alimentaire

Si vous vous alimentez de façon équilibrée et que vos réserves de base sont bonnes, vous n'aurez en principe besoin de presque aucun complément médicamenteux. Une supplémentation peut même être nocive pour vous ou votre bébé, alors ne vous laissez pas tenter par la consommation sauvage de pilules miraculeuses... Mais qu'entend-on concrètement par bon équilibre ? Il s'agit de manger des aliments variés qui se complètent pour apporter chacun des éléments nécessaires au fonctionnement du corps.

2 Respectez les conseils sanitaires

Votre bébé est bien à l'abri dans son nid, en grande partie protégé des substances toxiques par un filtre très performant : le placenta. Les mailles du filet ne sont pourtant pas sans faille... Certains micro-organismes arrivent à se faufiler jusqu'au bébé et provoquent des malformations ou des complications ; c'est le cas de certains parasites ou bactéries. La listéria est l'une des bactéries les plus redoutées, car la maladie dont elle est responsable, la listériose, crée de gros risques pour le bébé (accouchement prématuré et infection grave). Le toxoplasme est le parasite le plus surveillé, car une infection contractée pendant la grossesse peut créer des séquelles pour l'enfant, principalement au niveau du cerveau et des yeux. Un traitement efficace est proposé en cas de contamination si le diagnostic est précoce.

3 Surveillez votre prise de poids

« Il ne faut pas manger deux fois plus, mais deux fois mieux. » La prise de poids pendant la grossesse doit être maîtrisée afin d'échapper aux complications, aux inconforts ostéo-articulaires, et pour parvenir plus facilement à retrouver un poids normal après l'accouchement. La prise de poids considérée comme idéale est d'environ 12 kg, mais elle dépend bien sûr de votre morphologie. Évitez de toute façon de vous « lâcher » trop systématiquement sur des envies qui sont en général sucrées ou grasses...

4 Proscrivez certaines substances toxiques

Il est important de proscrire totalement l'**alcool** pendant la grossesse : il passe dans le sang du bébé et est toxique pour le développement et la maturation de son cerveau.
Le **tabac**, même inhalé de façon passive, est très nocif pour le bébé. Il est responsable d'une diminution du poids de naissance de l'enfant et peut provoquer des accouchements prématurés. Il en est de même pour le **cannabis**.
La **caféine** se trouve dans le café, le thé ou certains sodas. Il n'y a pas de risque malformatif pour le bébé, mais une consommation trop importante peut entraîner des perturbations passagères de son rythme cardiaque.
Les **phyto-œstrogènes** sont présents dans le soja et certains compléments alimentaires. Nocifs à fortes doses pour l'enfant, il convient de ne consommer qu'un seul aliment à base de soja par jour.
Les margarines et yaourts enrichis en **phytostérols** sont à éviter, même en cas de cholestérol élevé.

Pour éviter ***la listériose***

- Fromages à pâte molle au lait cru non pasteurisés (ôtez la croûte des autres fromages).
- Certains produits de charcuterie qui n'ont pas été cuits ou recuits avant consommation (rillettes, pâtés, foie gras, produits en gelée).
- Produits d'origine animale consommés crus ou peu cuits (viandes, coquillages, poissons crus, par exemple contenus dans les sushis, poissons fumés).

Pour éviter ***la toxoplasmose***

- Les viandes crues.
- Les viandes peu cuites, marinées ou fumées.
- Les légumes, fruits et herbes qui ont été en contact avec la terre et qui sont mal lavés.

À ne pas négliger :
- Se laver les mains après avoir caressé un chat.
- Mettre des gants pour jardiner.

les 3 nutriments de base pour un bon équilibre

Parole de sage-femme

“ Un petit truc en cas de sensation désagréable en fin de repas... Le sucre qui n'est pas resté suffisamment dans la bouche n'a pas eu le temps d'être prédigéré. Il va alors stagner et fermenter dans l'estomac, qui n'a pas d'enzyme efficace pour l'assimiler, surtout si le repas a été gras. Cela provoque de l'aérophagie et une sensation de ventre tendu difficile à supporter. Si vous êtes sujette à une digestion difficile ou si votre repas a été plus gras que de raison, évitez les boissons sucrées et même le dessert sucré... C'est dur, mais vous vous sentirez tellement mieux ! ”

Avoir son quota de calories ne suffit pas si l'on ne considère pas leur provenance, qui est capitale. Il doit y avoir un juste équilibre dans l'alimentation entre tous les nutriments de base, qui, en plus des calories, vont apporter à l'organisme les matières premières nécessaires à son entretien et à sa croissance. La femme enceinte doit donc ingérer régulièrement, sous peine de carences graves, des produits contenant des protéines, des lipides et des glucides.

1 Les protéines

Les protéines permettent la croissance du bébé et accompagnent les modifications chez la mère, comme par exemple la forte progression de la taille de l'utérus et l'augmentation de la masse sanguine. Vous trouvez ces protéines principalement dans la viande, le poisson, les œufs, ce sont les protéines animales. Les céréales et les légumineuses sont, quant à elles, riches en protéines dites végétales.
Chacun de ces aliments est porteur de protéines différentes et toutes nécessaires. Il est donc conseillé de les consommer tous, en association ou en alternance. Les protéines d'origine animale apportent tous les acides aminés essentiels que notre organisme ne sait pas synthétiser. Un régime végétarien bien équilibré est cependant tout à fait possible pendant une grossesse normale, à la condition de bien varier les sources des protéines végétales.
Il est conseillé de consommer des protéines animales une à deux fois par jour. Veillez à manger du poisson – sauvage de préférence – au moins deux fois par semaine, si possible en alternant les espèces. Pour la viande,

préférez les morceaux maigres comme le poulet, les escalopes de veau, les steaks à 5 % de MG...
Les céréales et légumineuses peuvent être prises à chaque repas. Attention toutefois à limiter à une fois par jour la consommation de soja pendant la grossesse. Absorbés à trop forte dose, les phyto-œstrogènes qu'il contient pourraient nuire au bébé. Favorisez aussi les céréales complètes pour la richesse en micronutriments de leur enveloppe, issues idéalement de la culture biologique pour éviter la toxicité des pesticides et engrais chimiques accumulés dans la plante.

2 Les lipides

Les lipides sont les constituants des matières grasses. Certains sont dits visibles, puisqu'on les rajoute au moment de la préparation et de la dégustation des mets, et d'autres sont dits cachés parce qu'ils sont déjà présents dans la constitution de l'aliment.
Les lipides sont importants pour le bébé d'une part parce qu'ils constituent une source d'énergie, d'autre part parce que certains, appelés acides gras, sont nécessaires au fonctionnement des cellules nerveuses.
Les graisses que vous accumulez pendant la grossesse (de 2 à 4 kg pour une prise de poids de 12 kg) vont être le réservoir dans lequel votre enfant va puiser, surtout à l'approche du terme. Il est donc important de veiller dès le début de la grossesse à absorber des lipides de qualité. Préférez les graisses végétales (huiles d'olive, de colza, tournesol...) non raffinées (premières pression à froid) à celles d'origine animale comme le beurre et la crème fraîche.
Leur apport en éléments indispensables au développement du cerveau du bébé est bien supérieur.

3 Les glucides

Les glucides constituent une source d'énergie nécessaire pour le corps. Ils sont constitués par les sucres (glucose, fructose, saccharose, lactose) et les amidons fournis par les plantes céréalières.
Le sucre de canne, le miel et le sucre contenu dans les fruits sont bien mieux assimilés que le sucre « blanc » qui n'apporte ni vitamines ni oligoéléments, mais des caries et des kilos inutiles... Limitez au maximum cet apport de sucre blanc, en évitant les sodas, bonbons, gâteaux et grignotages sucrés.
Les amidons des céréales complètes sont bien mieux absorbés grâce aux « outils d'assimilation » contenus dans leur enveloppe. Il est conseillé d'en manger au moins une fois par jour.

ma to-do list

les 3 micronutriments à privilégier

Conseil de pro

Faites attention, une prise de complément alimentaire enrichi en vitamines n'est pas forcément anodine ! Ainsi, un excès de vitamine A présente des risques pour le fœtus. N'ayez donc pas recours à ces compléments alimentaires de votre propre initiative ! Parlez-en d'abord à votre sage-femme ou votre médecin. De la même façon, un excès d'apport en fer peut empêcher le bon équilibre en zinc. Il faut donc toujours réfléchir avant de prendre des compléments.

De même que les nutriments évoqués précédemment, les micronutriments (vitamines, oligoéléments et minéraux) sont indispensables à l'entretien et la croissance de votre organisme. Ils se trouvent tout naturellement, et en quantité suffisante, dans une alimentation variée.

1 Les vitamines

Les vitamines, essentielles pour les réactions chimiques de l'organisme, sont fournies diversement par tous les groupes d'aliments. Une alimentation équilibrée vous apporte en principe toutes les vitamines nécessaires. Deux compléments seulement ont prouvé leur importance pendant la grossesse : l'acide folique ou vitamine B9, et la vitamine D.

La prise d'acide folique est importante le plus tôt possible dans la grossesse, voire avant la conception. Absorbée en quantité suffisante, cette vitamine diminue significativement le risque de certaines malformations du fœtus. Pensez bien à en parler avec votre sage-femme ou votre médecin très tôt, cet apport n'ayant d'intérêt qu'avant la grossesse et pendant les huit premières semaines de celle-ci.

La prescription d'une ampoule de vitamine D au cours du 7e mois de la grossesse présente elle aussi un intérêt reconnu pour éviter une baisse de calcium chez le bébé à la naissance.

Les vitamines A, E et C proviennent en quantité suffisante d'une alimentation normale, dans la mesure où vous pensez à manger une bonne quantité de fruits et de légumes frais (vitamine A, C), et à utiliser pour la cuisine des huiles non raffinées (de première pression à froid – vitamine E).

2 Les oligoéléments

• Les besoins en **iode** augmentent pendant la grossesse. Cet oligoélément est nécessaire au bon fonctionnement de la thyroïde, ainsi qu'au développement du cerveau de votre bébé. Il vous suffit d'utiliser du sel iodé (c'est indiqué sur l'emballage) pour augmenter vos apports en iode, et de consommer du poisson de mer, frais de préférence, mais aussi surgelé ou même en conserve. Les produits laitiers et les œufs en contiennent également.

• Les besoins en **fer** sont fortement augmentés pendant la grossesse, mais là encore, l'apport peut très bien être garanti par une alimentation équilibrée. Les aliments riches en fer sont – outre la viande et le boudin noir (bien cuits pendant la grossesse si vous n'êtes pas immunisée contre la toxoplasmose !) –, le poisson, les légumineuses ou encore les légumes verts.

L'analyse de sang « NFS » des premier et sixième mois de la grossesse permettent d'évaluer si vous n'êtes pas carencée. Votre sage-femme ou votre médecin pourrait alors vous proposer une supplémentation, mais en aucun cas de façon systématique. Le fer alors prescrit sera apporté soit par un médicament (Tardyferon®, Timoferol®...), soit par la consommation de produits comme la spiruline, le jus d'herbe d'orge, ou d'un composé végétal qui est souvent mieux toléré tout en restant très efficace.

• L'apport de **zinc** est fondamental pour vous et votre enfant tout au long de votre grossesse. Une vraie fée du logis doublée d'un ouvrier infatigable ! Il est apporté par l'alimentation et doit être absorbé de façon régulière puisqu'il est éliminé au bout de quinze jours. Vous trouverez le zinc dans les céréales complètes – encore elles ! –, les légumineuses, le poisson, les viandes rouges, les coquillages.

• Le **fluor** est nécessaire pour la minéralisation des futures dents de lait du bébé. Un excès de fluor étant plutôt nocif, on ne donne pas de supplément pendant la grossesse. On trouve de bonnes sources de fluor dans le maquereau, la sardine, le saumon, la pomme de terre, la pomme, la viande de bœuf, le poulet, les épinards, ou encore les algues marines.

3 Les minéraux

• La prise quotidienne de trois laitages est conseillée pour assurer un apport suffisant en **calcium**. Je rencontre souvent des femmes enceintes qui sont dégoûtées par les produits laitiers ou qui n'aiment pas cela, tout simplement... Inutile de vous forcer ou de culpabiliser ! D'autres aliments peuvent parfaitement les remplacer : les amandes, les noisettes, le soja (pas plus d'une fois par jour !), les haricots secs, les lentilles, le chou-fleur, les sardines... Certaines eaux minérales peuvent également assurer un apport en calcium. Elles doivent en contenir au moins 150 mg par litre, indication que l'on trouve sur l'étiquette de la bouteille.

• Le **magnésium** est l'un des éléments les plus importants pour notre fonctionnement. Relaxant du muscle utérin, tranquillisant, anti-inflammatoire, il est polyvalent ! On en trouve en quantité dans le cacao, les fruits secs, le soja, les légumineuses. L'apport alimentaire normal est en principe suffisant pour couvrir les besoins. Des petites ou grosses gênes comme les crampes sont des signes révélateurs d'insuffisance en magnésium. Dans ce cas, buvez de l'eau d'Hépar ou faites une petite cure de nigari (voir page 49) pour régler le problème en douceur.

Astuces

• La vitamine C est la meilleure amie du fer. Elle permet à l'organisme de bien mieux absorber celui qui est apporté par l'alimentation. Pensez donc à manger des fruits frais et des légumes verts crus chaque jour, et vous garderez un bon capital fer !

• Inversement, le thé et le café (et l'alcool, mais ça, normalement, vous évitez complètement !) réduisent fortement l'absorption du fer... Donc, pas d'excès !

le deuxième mois

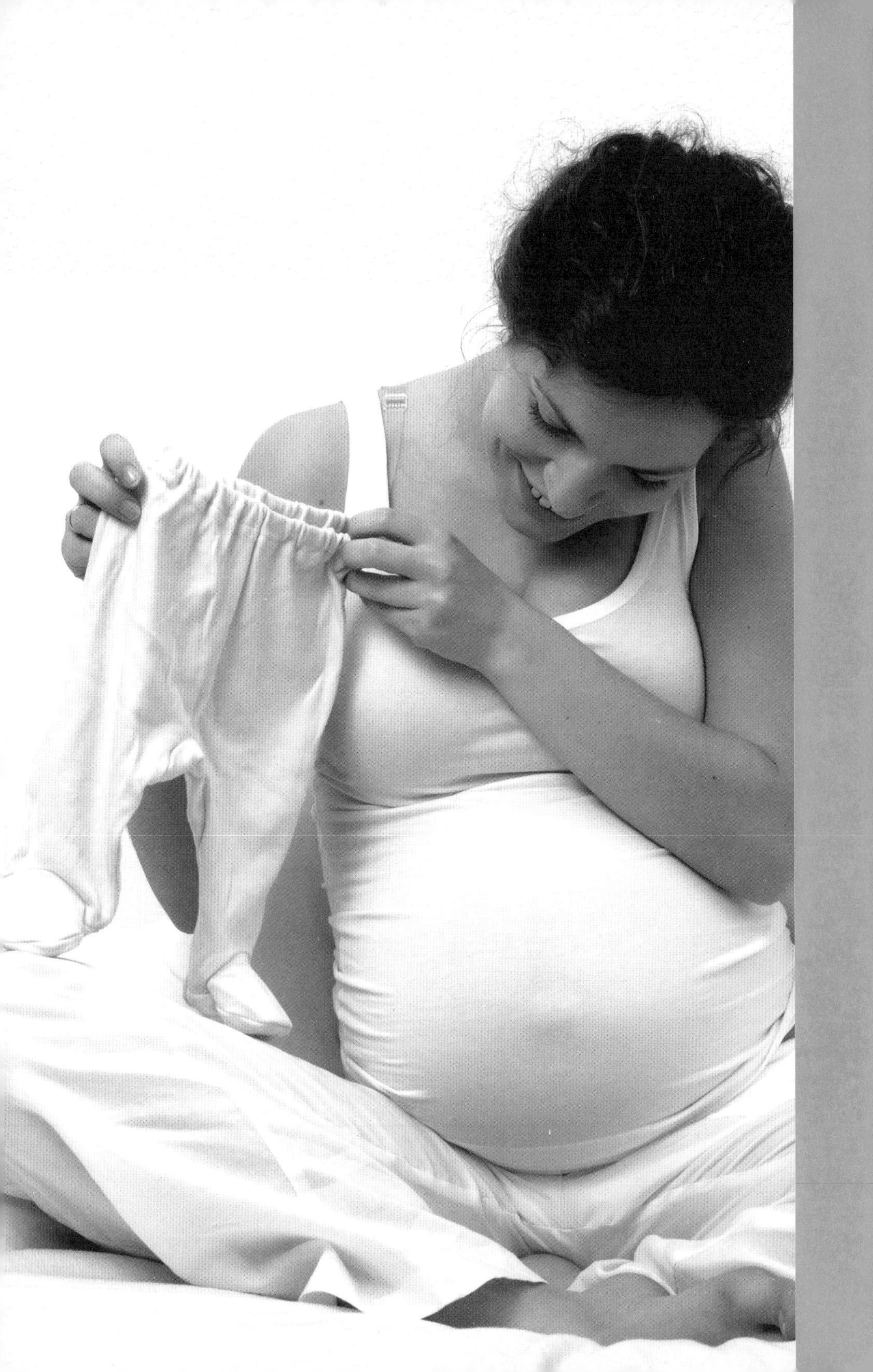

les 4 semaines
du 2e mois

Parole
de sage-femme

“Vous, vous commencez à vous projeter dans l’avenir, lentement et tranquillement : il va falloir, si ce n’est pas déjà fait, choisir le praticien qui suivra votre grossesse, prévoir le lieu de votre accouchement. Votre corps commence à exprimer des signes de changement, et vous allez apprendre à l’apprivoiser...”

Fabuleux deuxième mois : façonnement progressif d’un aspect de plus en plus humain, croissance rapide. Le miracle de la vie se poursuit en silence. Ce deuxième mois va voir s’humaniser la silhouette de votre bébé, s’élaborer tous ses organes.

1 5e semaine de grossesse, 7e semaine d’aménorrhée

Le visage commence peu à peu à se façonner, laissant deviner les bourgeons du nez, la bouche primitive ; les ébauches des yeux et des oreilles sont bien visibles. Le cœur est très visible : animé de battements, il va croître de façon impressionnante. L’appareil digestif et la vessie, ainsi que l’appareil respiratoire, poursuivent leur maturation et leur croissance !

▶ **Les mensurations de votre bébé :**
à 7 SA, il mesure 7 mm.

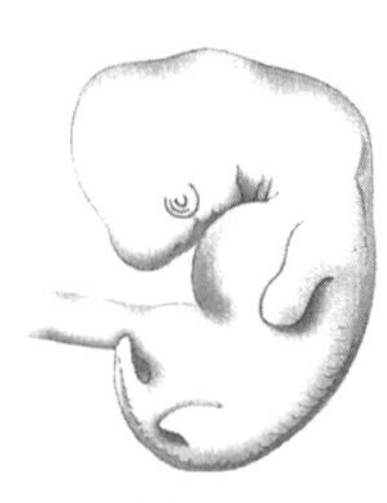

Votre bébé à 5 semaines : il mesure 7 mm.

2 6e semaine de grossesse, 8e semaine d’aménorrhée

Le visage poursuit rapidement son évolution tandis que la tête augmente de volume. Le nerf optique commence à se fabriquer, tandis que, dans la bouche en formation, la langue et la lame dentaire font leur apparition. Les membres s’allongent et déjà se dessinent les extrémités avec des ébauches de doigts. La moelle épinière, déjà formée depuis la 6e SA, s’entoure des vertèbres qui ébauchent ainsi la colonne vertébrale. Les organes poursuivent leur élaboration : les reins se forment, tandis que cœur et le foie sont démesurément gros dans l’abdomen. Les premières cellules du toucher apparaissent, mais elles ne sont pas encore opérantes.

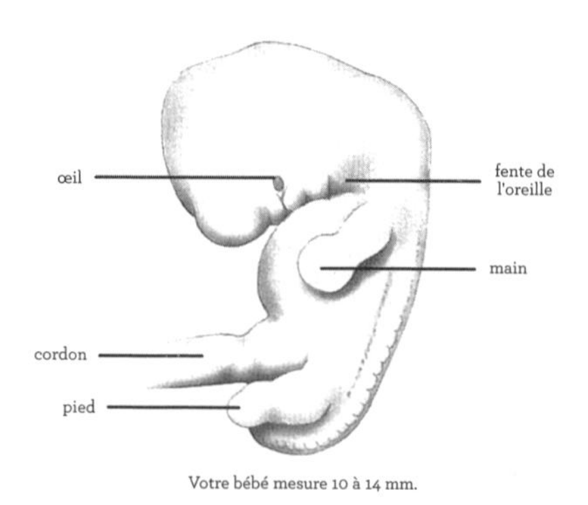

Votre bébé mesure 10 à 14 mm.

▶ **Les mensurations de votre bébé :**
à 8 SA, bébé mesure 14 mm et pèse 1,5 g.

3 7e semaine de grossesse, 9e semaine d'aménorrhée

La silhouette se dessine de plus en plus précisément : l'embryon a maintenant un cou, sa courbure se réduit un peu, sa queue régresse, ses membres s'allongent. Les os et les muscles progressent dans leur maturation. Le visage devient de plus en plus détaillé : lèvres, mâchoires et bourgeons dentaires se forment. Au niveau de l'œil, la rétine et les cristallins se forment. Le cœur commence sa séparation interne en cavités. Les glandes sexuelles sont toujours indifférenciées, quel que soit le sexe de l'embryon ; sexe pourtant déterminé génétiquement car apporté par le spermatozoïde vainqueur... Ovaires ou testicules ? Vous le saurez bientôt ! Tous les organes grossissent vite, et ce futur bébé est animé de mouvements réflexes visualisables à l'échographie, mais encore impossibles à ressentir !

▶ **Les mensurations de votre bébé :**
à 9 SA, il mesure 22 mm et pèse 2 g.

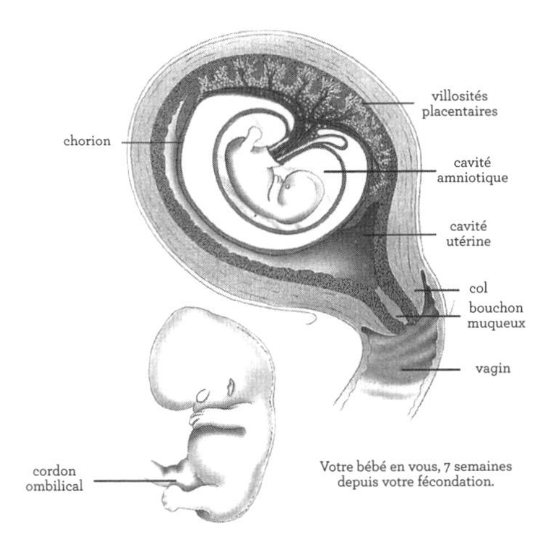

Votre bébé en vous, 7 semaines depuis votre fécondation.

4 8e semaine de grossesse, 10e semaine d'aménorrhée

Le visage est bien détaillé, même si les oreilles sont encore bizarrement implantées très bas. Au bout des membres, les mains et les pieds sont bien formés.
La constitution du cœur est désormais achevée.
Les premières sensations tactiles apparaissent autour de la bouche, provenant des mouvements du liquide amniotique qui caressent cette zone équipée de récepteurs tactiles !

▶ **Les mensurations de votre bébé :**
à 10 SA, l'embryon mesure 3 cm et pèse 3 g.

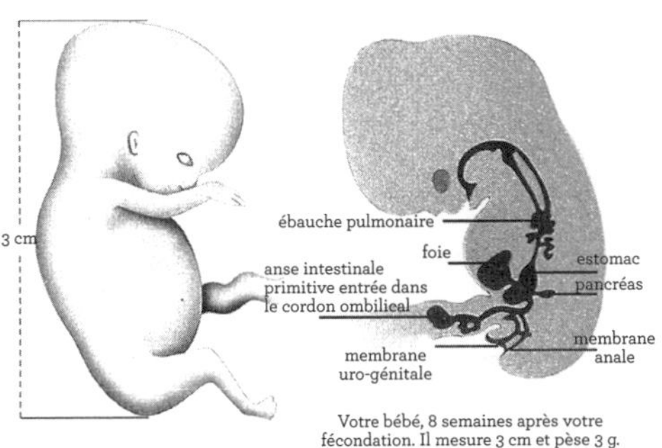

Votre bébé, 8 semaines après votre fécondation. Il mesure 3 cm et pèse 3 g.

☑ ***ma* to-do list**

______

______

______

______

______

______

les 6 thérapeutiques possibles pendant la grossesse

Parole de sage-femme

“Remèdes de sorcières, de grands-mères, issus essentiellement du bon sens et de la simplicité… Il s'agit principalement d'utiliser à bon escient des produits courants et inoffensifs, en général présents à la maison mais aux vertus méconnues. Par exemple, le savon de Marseille au fond du lit (pour remédier à quel problème, je vous laisse chercher…) !”

Cette liste n'est pas exhaustive, car il existe de nombreuses façons de trouver une réponse à des maux. Ce qui compte, c'est de choisir ce qui fait du bien sans faire de mal… Comme je vais n'avoir de cesse de vous conseiller des recours thérapeutiques, il faut que vous sachiez, même approximativement, de quoi je parle…

1 Allopathie

C'est la pharmacopée la plus couramment utilisée dans la médecine de notre société. En général, elle associe un médicament (souvent une molécule issue de l'industrie pharmaceutique) à un symptôme afin d'y remédier : vous avez mal à la tête, on vous prescrit un antalgique ; vous avez de l'hypertension, on vous prescrit un hypotenseur… Je caricature à dessein afin de vous faire comprendre comment cette médecine réagit face au symptôme.

2 Homéopathie

Il s'agit d'une approche très différente de la maladie, théorisée et appliquée à partir du XIXe siècle par un médecin allemand, Samuel Hahneman. Le symptôme n'est pas ici considéré de façon isolée, mais comme résultant d'un déséquilibre de la personne qui le développe. Un remède précis, issu du règne animal, végétal ou minéral, est censé correspondre à la nature propre de chaque personne et traiter (ou mieux, prévenir) ainsi non pas uniquement le symptôme, mais tous ceux qui découleront de ce déséquilibre. Ce remède est dilué et dynamisé selon un procédé très particulier, et les remèdes ont des noms de dinosaures !

3 Acupuncture

La médecine chinoise repose sur une conception encore différente de l'homme comme constituant l'un des éléments du système équilibré qu'est l'Univers. L'état de santé normal de l'humain en bon équilibre avec son environnement est l'absence de symptômes morbides, que des événements tant internes qu'externes vont sans cesse venir perturber : émotions, traumatismes, déséquilibres alimentaires... La tâche de l'acupuncteur va être de rétablir cet équilibre en levant les blocages énergétiques dressés par ces incidents grâce à l'introduction d'aiguilles en des points précis de la peau. Il s'agit en principe d'une médecine préventive, le patient étant censé anticiper l'apparition de dysfonctionnements grâce à des séances régulières de « levée de barrage ».

4 Élixirs floraux du Dr Bach

Les Élixirs floraux du Dr Bach (Edward, pas Jean-Sébastien, même si ce dernier peut lui aussi guérir bien des maux) sont des préparations faites à partir de décoctions de fleurs. Le Dr Bach a identifié et transformé en remèdes 38 fleurs, dont chacune correspond à un état émotionnel. C'est ici le ressenti émotionnel qui est considéré comme générateur du symptôme, de son aggravation ou de sa mauvaise tolérance. L'élixir bien indiqué va donc traiter l'état émotionnel. Les fleurs de Bach vont agir principalement sur des désagréments comme l'insomnie, la peur, les cauchemars, la colère...

5 Huiles essentielles

Je vous en parlerai peu par manque d'expertise dans ce domaine. La seule chose que je peux vous conseiller, c'est d'être extrêmement prudente, car certaines huiles essentielles sont contre-indiquées pendant la grossesse. Ne les utilisez donc jamais sans avoir demandé conseil à un professionnel. Utilisés à bon escient, ces substrats de plantes ont des vertus thérapeutiques et équilibrantes très intéressantes.

6 Phytothérapie

Il s'agit de l'utilisation d'une plante non transformée pour traiter un symptôme, grâce à ses vertus connues et reconnues. Il faut savoir que la majorité des molécules utilisées dans l'industrie pharmaceutique sont issues du règne végétal ou recréées à partir des connaissances de cette pharmacopée. Prudence encore, demandez toujours conseil avant d'y avoir recours : ce n'est pas parce que c'est une plante que c'est sans danger !

☑ ***ma*** to-do list

les 3 petits maux de la grossesse

Céline, 26 ans

“J’ai ressenti un vrai coup de fouet en prenant du jus d’herbe d’orge, une substance naturelle contenant vitamines, minéraux et oligoéléments et totalement compatible avec ma grossesse. Il existe en comprimés ou en poudre à reconstituer, et s’achète dans les coop bio.”

À peine débutée, cette grossesse se manifeste déjà dans votre état général... Il faut dire que la fatigue peut être importante : entre le sommeil agité et les paupières qui se ferment toutes seules à tout moment du jour, dur de donner le change !

1 Les troubles du sommeil

De l’impérieuse envie de dormir des premières semaines aux insomnies – voire aux rêves étranges –, les troubles du sommeil sont nombreux pendant la grossesse. Qu’ils soient liés à la mécanique du corps comme les envies fréquentes d’uriner ou à un état émotionnel perturbé, les remèdes proposés devront être finement choisis.
L’activité physique et le régime alimentaire ont une importance majeure pour votre sommeil. Veillez, avant tout recours aux médicaments, à repérer les aliments qui ne vous réussissent pas le soir et à maintenir une activité physique et des postures facilitant la phase digestive.
L’acupuncture toujours, la phytothérapie avec tisanes de camomille ou de tilleul... mais qui donnent envie d’uriner ! Ces remèdes existent en comprimés.
En homéopathie, tout dépend du contexte : l’insomnie par anxiété avec peur du futur sera améliorée par *Aconitum napellus*, tandis que les problèmes de sommeil liés à la digestion seront plutôt traités par *Lycopodium*... *Ignatia*, *Coffea* ou *Nux vomica* trouveront aussi leur indication.
Parmi les élixirs floraux, *Vervain* sera indiqué en cas d’insomnie par enthousiasme, excitation positive, alors que l’on choisira volontiers *White chesnut* pour les ruminations nocturnes...
La prescription allopathique d’**anxiolytiques** ou de **sédatifs** est **à éviter au maximum** pendant la grossesse. Si vous avez un tel traitement au long cours indépendamment de votre grossesse, il sera nécessaire d’évaluer avec votre médecin la possibilité de le limiter ou de l’arrêter.

2 La fatigue

Il faut bien faire la différence entre l'envie de dormir provoquée par l'imprégnation hormonale du début de grossesse ou plus tard par les insomnies, et la fatigue physique avec sensation d'épuisement qui peut avoir une explication pathologique (anémie vraie, maladie infectieuse) ou une origine plutôt mélancolique ou dépressive. Le traitement en sera fort différent.
Réfléchissez à la cause probable de votre état de fatigue ; sans doute trouverez-vous seule une solution, sinon parlez-en en consultation afin d'être guidée vers la thérapeutique adaptée.
Pour une sensation d'épuisement physique et moral, l'élixir floral Olive apporte une amélioration rapide.
Évidemment, la pratique de la relaxation, du yoga, du massage peut permettre de vous redonner « la pêche ».

3 Démangeaisons de la vulve et du vagin

La flore vaginale est un mélange de germes qui s'équilibrent entre eux pour lutter contre la prolifération d'agents infectieux, bactéries ou champignons, qui pourraient provoquer des infections vaginales s'ils prenaient le dessus. La grossesse modifie le terrain de base du vagin en le rendant plus acide, ce qu'adore le champignon *Candidae albicans*, qui va en profiter pour se développer si on le laisse faire. Surviennent alors démangeaisons, puis pertes vaginales épaisses, jaunâtres, en grumeaux, ressemblant un peu à du lait caillé. La mycose est installée, et il faut traiter pour stopper la multiplication du champignon. On vous prescrira en général un ovule à placer dans le vagin : Econazole LP®, Gynopevaryl LP®, Lomexin®, Monazol®... Il pourra être nécessaire d'enrichir la flore vaginale à l'issue du traitement afin d'éviter les récidives. Votre sage-femme ou votre médecin vous prescrira les ovules *ad hoc*.
Quand ça démange juste un peu, il faut prendre les devants et essayer de stopper le champignon : pour cela, prenez du bicarbonate de sodium (vous en avez certainement une brique de poudre dans votre cuisine, sinon, au supermarché, rayon épicerie). Diluez-en une cuillerée à soupe dans une bassine d'eau tiède et faites un bain de siège de 5 à 10 minutes. L'acidité vaginale sera corrigée, et le champignon expirera...
Afin de préserver l'équilibre vaginal, préférez un produit d'hygiène intime à un gel douche lambda pour votre toilette quotidienne.
Et l'équilibre alimentaire est, là encore, important, garantissant l'équilibre acido-basique de tout le corps.
Un traitement homéopathique par *Monilia albicans* peut-être utile en cas de récidive.
Attention ! Un traitement général par **antibiotiques** risque de provoquer des conditions favorables à une mycose : ces médicaments tuent les mauvais germes, mais aussi les bons ; il peut être utile de prendre des probiotiques en parallèle des antibiotiques, demandez à votre pharmacien qui vous conseillera sur ce point.

☑ ma to-do list

____
____
____
____
____
____
____
____
____
____

les 4 façons
d'en être certaine

Anne, 34 ans

“Quel vertige, ce face-à-face avec le bâtonnet, enfermée dans les toilettes... J'ai bien cru que je n'allais jamais tenir le coup. Surtout que deux mois auparavant, j'étais déjà sûre de mon coup, et pourtant... c'était négatif ! C'est fou comme seul le désir de grossesse est capable de faire réagir le corps. J'avais une semaine de retard de règles, mal aux seins comme pas possible. Mais cette fois, la croix rose est apparue. J'ai éclaté en sanglots de joie.”

Les règles se font attendre, vos seins se tendent, vos paupières sont lourdes... Tous ces signes vous font espérer que ce mois-ci est le bon. Maintenant, vous allez faire le grand saut, chercher la preuve que vous êtes bien enceinte... souvent apportée par un test de grossesse, confirmé par une consultation médicale qui vous permettra de mettre en place tous les éléments du suivi ultérieur. Voici une proposition de chronologie du diagnostic de votre grossesse.

1 Le test urinaire

C'est souvent le premier test que l'on pratique. Acheté en pharmacie sans ordonnance, il est fiable en principe dès le retard de règles. Il en existe plusieurs, votre pharmacien saura vous conseiller.
Le principe est de mettre en contact les hormones de grossesse présentes dans les urines avec un réactif contenu dans le test. La lecture se fait en quelques minutes : certainement parmi les plus longues à vivre...

2 L'examen clinique par la sage-femme ou le médecin

Vous pouvez consulter une sage-femme ou un médecin, généraliste ou gynécologue. La consultation commence bien sûr par une discussion permettant de bien évaluer la possibilité et la date probable du début de la grossesse, suivie d'un examen clinique comprenant principalement la visualisation du col de l'utérus grâce

à un spéculum, le col présentant une couleur spécifique dès le début de la grossesse. Il – ou elle – pratiquera également un toucher vaginal doublé d'une palpation de votre abdomen pour évaluer le volume de l'utérus. Cette forme de diagnostic est devenue assez rare, du fait de la fiabilité et de la simplicité des tests de grossesse urinaires ou sanguins.
Cette consultation, même si elle ne fait pas le diagnostic mais le confirme, a son intérêt : l'évaluation de la date présumée du début de grossesse (en fonction de celle des dernières règles, si vous la connaissez), qui conditionnera la date et la prescription de la première échographie. Votre sage-femme ou votre médecin pourra d'ores et déjà vous prescrire le premier bilan sanguin et vous prodiguer quelques conseils importants.

3 La prise de sang

Prescrite par une sage-femme ou un médecin, cette prise de sang dose les hormones HCG présentes dans le sang de la femme enceinte dès le début de la grossesse. Elle est réalisée rapidement, sans nécessité d'être à jeun, par le laboratoire d'analyse. Dans le cadre d'un test diagnostic simple, il ne présente aucun caractère d'urgence : vous n'aurez les résultats en général que le lendemain.

4 L'échographie

L'échographie est un examen complémentaire qui permet de visualiser l'embryon dans la cavité utérine. Ce n'est pas l'examen de choix pour faire un diagnostic de grossesse : il est cher et plus tardif que la détection hormonale. On peut visualiser l'activité cardiaque de l'embryon à 5 semaines d'aménorrhée, soit 3 semaines de grossesse. Réalisée précocement, l'échographie a pour intérêt principal d'éliminer le diagnostic de grossesse extra-utérine en cas de douleur aiguë et/ou de saignements. Une première échographie sera réalisée vers 12 semaines d'aménorrhée, soit 10 semaines de grossesse, si possible avant la consultation au cours de laquelle on fera la déclaration de grossesse (voir page 56, « Les 5 moments clés de la 1re consultation obligatoire »). La confirmation de la date exacte de début de grossesse sera en effet importante pour la précision de la déclaration.

☑ ma to-do list

____

les 3 professionnels compétents pour vous suivre... qui choisir ?

Christine, 31 ans

“Je ne savais pas du tout que les sages-femmes pouvaient suivre les grossesses. C’est une amie qui me l’a conseillé. Je vois ma sage-femme chaque mois pour le suivi, pour la préparation à la naissance, et je vais à l’hôpital pour mes échos et pour la fin de grossesse. Je sais en plus qu’au moindre signe de pathologie, elle est en contact avec l’obstétricien et l’équipe de la maternité. C’est très confortable et rassurant.”

Trois catégories de professionnels sont habilitées à vous suivre, de la déclaration de grossesse à la visite postnatale, et même au-delà. S’ils ont tous la même compétence médicale pour la surveillance d’une grossesse normale, leur spécificité et leur façon d’aborder cette étape importante de votre vie peut être sensiblement différente. Choisissez avant tout quelqu’un qui va vous écouter, vous accompagner, quelqu’un avec qui vous vous sentirez en confiance pour pouvoir poser toutes les questions et recueillir des conseils.

1 La sage-femme

La sage-femme a une compétence très large dans le cadre de la grossesse, de l’accouchement et de ses suites, de la contraception, de la prévention en gynécologie, des traitements de fuites urinaires et de prolapsus. Vous pouvez donc la consulter à différentes étapes de votre vie. J’ai reçu au cabinet cette année un panel de patientes entre 15 et 84 ans...
La sage-femme assure le suivi médical tout le long de votre grossesse. La déclaration, l’examen clinique mensuel, la prescription des examens complémentaires de surveillance et de dépistage (échographies, examens sanguins, prélèvements vaginaux) ainsi que des traitements nécessaires. Véritable spécialiste de la physiologie féminine, elle est néanmoins formée à dépister la pathologie et partagera s’il y a lieu la surveillance de la grossesse avec un médecin spécialiste (gynécologue,

endocrinologue, diabétologue...).
Certaines d'entre elles pourront assurer votre accouchement, à domicile ou dans l'enceinte d'une maternité. Son atout est sa connaissance et son expérience globale de tout le processus. La grossesse, la pratique de l'accouchement, l'accueil et les soins du nouveau-né et du nourrisson. Sa vision globale permet une cohérence dans le suivi de la famille. Elle assure en outre la préparation à la naissance et à la parentalité, les conseils sur l'allaitement maternel et la rééducation périnéale.
En choisissant une sage-femme, vous choisissez surtout un partenaire (homme ou femme) qui sera proche de vous et de votre conjoint, disponible et compétent pour une étape de vie dans son intégralité.

En pratique

Vous trouverez les sages-femmes en cabinet de ville, en hôpital, en clinique, dans les centres de diagnostic prénatal, en pratique de l'échographie...
Une consultation de grossesse est remboursée comme toute consultation médicale conventionnée secteur 1, à 70 % par la Sécurité sociale, la somme restante étant intégralement prise en charge par votre assurance complémentaire si vous en avez une. Dès le 1er jour du 6e mois de grossesse, les consultations sont prises en charge à 100 % par la Sécurité sociale.

2 Le médecin généraliste

Votre médecin traitant est compétent pour suivre votre grossesse. S'il vous accompagne depuis longtemps et que vous avez tissé avec lui des liens de confiance, il peut être un partenaire parfait pour assurer votre suivi médical. Il vous prescrira également les examens et traitements nécessaires, et vous conseillera des collaborateurs sages-femmes pour la préparation à la naissance et à la parentalité. Son atout : il pourra également être le médecin de votre bébé par la suite.

En pratique

La consultation de grossesse est, en 2011 en secteur 1, prise en charge à 70 % par la Sécurité sociale, les 30 % restants étant remboursés par votre assurance complémentaire. Dès le 1er jour du 6e mois de grossesse, les consultations sont prises en charge à 100 % par la Sécurité sociale.

3 Le gynécologue

Le gynécologue, médical ou obstétricien, est un médecin spécialiste. Il est bien sûr compétent pour suivre votre grossesse, prescrire les examens complémentaires et les traitements nécessaires. Il a de plus comme atout majeur son expertise dans la connaissance et la prise en charge de la pathologie en gynécologie et en obstétrique. Certains sont équipés d'un appareil d'échographie. Il pratiquera ainsi les trois échographies conseillées, et certains pratiquent le « petit coup d'œil » mensuel (sans vous facturer cet examen qui n'a, à cette fréquence, pas d'indication médicale). Si votre gynéco assure votre suivi spécialisé depuis plusieurs années et que vous avez tissé des liens, il peut être agréable de poursuivre votre aventure féminine avec lui (ou elle). Les gynécologues obstétriciens installés en ville ont en général une activité en clinique ou en hôpital, prennent des gardes en salle de naissance. Il (elle) vous dirigera dans ce cas certainement vers cet établissement pour l'accouchement.

En pratique

Comme pour tous les médecins spécialistes, le tarif de consultation est plus élevé, avec les mêmes modalités de remboursement que pour les autres praticiens de la grossesse. Soyez vigilante : beaucoup sont installés en secteur 2, c'est-à-dire qu'ils pratiquent des honoraires libres. Les tarifs peuvent être très élevés, et dans ce cas une partie du règlement reste à votre charge.

☑ ***ma***
to-do list ___

___

___

___

___

les 3 éléments à connaître pour choisir une maternité

Parole de sage-femme

“Tout projet de naissance est susceptible d’évoluer au cours de la grossesse, en fonction de votre état de santé, de celui de votre enfant et du vécu de votre couple. Ce qui importe, c’est que vous préserviez votre place active dans les décisions et que vous demeuriez toujours en relation avec un (ou une) praticien de santé qui vous accompagnera.”

« Et toi, tu accouches où ? » Évidemment, la question va se poser... Elle va se poser d’autant plus précocement si vous habitez en région parisienne où il faut s’inscrire très tôt dans les maternités... Dans la plupart des autres régions, vous aurez le temps de la réflexion. Attention aux jugements arbitraires des uns et des autres, qui conseillent en fonction de leurs désirs et de leurs propres peurs... Ce projet est le vôtre, ne l’oubliez jamais, et votre sage-femme, qui connaît bien les propositions et les acteurs de santé locaux, vous conseillera de façon objective.

1 Niveau 1, 2 ou 3 ?

En France, depuis 1998, les maternités sont classées en trois niveaux correspondant aux équipements de prise en charge des pathologies néonatales. Il ne s’agit en aucun cas du niveau de compétence du personnel, ni de confort ! La logique voudrait que l’on se dirige vers une maternité de niveau 1 lorsque la grossesse ne présente pas de complication, ce qui permettrait une disponibilité des niveaux 3 pour la prise en charge spécifique des grossesses pathologiques. Le transfert vers une maternité de niveau supérieur sera de toute façon envisagé au cours de la grossesse si une pathologie de la mère ou de l’enfant apparaissait. C’est le « travail en réseau de soins ». Dans une ville ou au sein d’un département, les praticiens se connaissent, communiquent et travaillent ensemble quand cela est nécessaire afin d’optimiser la qualité du suivi.

2 Hôpital ou clinique ?

Seul leur statut – public pour l'un, privé pour l'autre – oppose l'hôpital et la clinique. La caricature de l'hôpital froid, inconfortable mais techniquement suréquipé, opposé à la clinique luxueuse, agréable, mais moins sécurisée est totalement obsolète, contrairement à ce que ressassent les forums de discussion... Le classement par niveaux est le même pour les établissements publics et privés, et les conditions de sécurité exigées sont strictement identiques. Une maternité ne fonctionne pas sans un plateau technique aux normes, et le personnel minimum requis est fixé par des décrets nationaux de périnatalité. La différence de statut peut, il est vrai, avoir des conséquences au niveau financier. On sait que les praticiens qui exercent en secteur privé pratiquent souvent des dépassements d'honoraires. Le prix de l'hôtellerie (chambre et repas) peut aussi être très élevé en clinique privée, surtout si cet établissement n'est pas conventionné. Par ailleurs, en hôpital public, c'est la sage-femme de garde qui vous accueille et vous accompagne durant toute la durée du travail et l'accouchement. C'est elle qui accomplit tous les actes nécessaires, elle en a la compétence. Elle fait appel en cas de besoin à l'anesthésiste de garde (par exemple pour la pose d'une péridurale) et à l'obstétricien de garde si une pathologie nécessite son intervention. Un pédiatre, également de garde, intervient à sa demande en cas de problème chez le bébé.
En clinique privée, le déroulement est identique pendant toute la durée du travail, accompagné par la sage-femme de garde. En revanche, c'est l'obstétricien qui prend généralement en charge le moment précis de la naissance du bébé. La sage-femme reprend ensuite la surveillance de la mère et de l'enfant.

3 Avec une sage-femme libérale

Certaines sages-femmes proposent un « suivi global » de la grossesse. Un seul intervenant, la sage-femme donc, va vous accompagner au cours de la grossesse, de l'accouchement et de ses suites. On obtient ainsi une vraie cohérence dans le suivi, évitant la dissociation entre le suivi médical, l'accompagnement psychologique et la réalisation de votre projet d'accouchement. Celui-ci se fera soit dans la maternité en lien avec la sage-femme, soit à domicile.
La naissance a lieu en maternité si votre sage-femme a signé une convention avec un hôpital ou une clinique pour avoir accès au « plateau technique », c'est-à-dire à une salle de naissance et à tout son équipement. C'est elle qui s'occupe entièrement de vous et qui est responsable de votre accouchement.
Malheureusement, encore trop peu d'établissements ouvrent leurs portes aux sages-femmes libérales. Si vous avez cette chance, profitez-en !
La naissance de votre enfant pourra se faire à domicile si votre sage-femme le pratique, bien sûr, si votre grossesse est normale et quand l'accouchement ne présente pas de facteur de risque. Il est peu accessible en France faute de sages-femmes le proposant (principalement pour des problèmes de tarifs prohibitifs d'assurance), contrairement à d'autres pays d'Europe où il est largement pratiqué, sans que l'on constate, notez-le bien, une augmentation de la morbidité materno-fœtale.

☑ *ma* to-do list

les 2 problèmes digestifs du début de grossesse

Laura, 42 ans

“Je me souviens encore des premiers mois de mes grossesses et des nausées quotidiennes. Friande de tout ce qui est épicé, j'ai découvert que le gingembre était un remède très efficace contre les nausées : en épice dans les plats, en sirop à boire, en bonbon. De même, le bissap (jus d'hibiscus rouge), boisson désaltérante bien connue sur le continent africain, m'a été d'une aide précieuse.”

Alors là, je vous sens brûler les étapes et dévorer ce paragraphe en nourrissant un espoir fou : vite, une recette miracle pour ces fichues nausées… Voici des pistes, des suggestions, mais de miracle, point ! Faites très attention aux remèdes que vous essaierez, et surtout, ne prenez pas de médicament sans avis médical.

1 Les nausées et les vomissements

Les nausées inquiètent rarement, elles rassurent même parfois, tant elles appartiennent au folklore du début de grossesse. Cependant, cette sensation tenace est très vite désagréable. Il arrive même fréquemment que la femme, au cours des trois premiers mois de la grossesse, vomisse quotidiennement, souvent le matin. En cause : l'imprégnation hormonale, qui, vous le verrez, est responsable de bien des désagréments…

Il y a assez peu de remèdes durablement efficaces, mais il est possible d'améliorer l'inconfort ponctuellement. Avant tout, il faudra modifier vos habitudes et respecter au plus près le rythme imposé par vos sensations : pourquoi ne pas profiter d'une rémission, quel qu'en soit le moment, pour prendre une collation et vous laisser guider par des aliments qui vous tentent ? Attention tout de même à conserver un semblant d'équilibre et à respecter les consignes sanitaires…

L'homéopathie a bien sûr sa place dans le traitement des nausées. Dans cette pharmacopée, la prescription dépend de bien d'autres éléments que du seul symptôme.

On retrouvera souvent des remèdes comme *Sepia* (constipation associée), *Nux vomica* (avec vertiges, irritabilité), *Ipecacuanha* (nausées violentes et constantes), *Arsenicum album, Cocculus* ou *Pulsatilla*... Mais sachez que la recette miracle standardisée n'existe pas. La personnalisation du choix du médicament est l'essence même de son efficacité. Consultez une sage-femme ou un médecin homéopathe.
L'une des médecines les plus rapidement et durablement efficaces est sans conteste la médecine chinoise : l'acupuncture associée ou non à la phytothérapie chinoise calme ou même guérit rapidement les nausées.
Les Élixirs floraux du Dr Bach ont également leur place : la prescription est fonction de l'état émotionnel qui est à l'origine du symptôme, de son aggravation ou de sa mauvaise tolérance. Ainsi, on pourra vous conseiller entre autres *Walnut* si les changements du corps vous effraient, *Crab Apple* ou encore *Red Chestnut* si vous craignez pour votre bébé...
La prescription allopathique – faite exclusivement par votre sage-femme ou médecin – sera plus souvent orientée vers des molécules comme la métoclopramide (Primperan®), la métopimazine (Vogalene®) ou la domperidone (Motilium®). Il faudra veiller à bien respecter la posologie, à les utiliser sur une courte période et à ne pas s'automédiquer, ces produits pouvant provoquer des effets secondaires.

2 La salivation excessive ou hypersialorrhée

Le système digestif est en émoi, l'absorption intestinale très augmentée, aidée par une forte augmentation de la quantité de salive. Certaines femmes en souffrent beaucoup, étant obligées de cracher souvent, ce qui n'est pas bien accepté sous nos latitudes.
Ce désagrément est surtout connu chez les femmes du continent africain. Mes patientes m'ont enseigné leur remède « local », qu'elles appellent « le sable » : c'est en fait une pâte d'argile qui absorbe l'excès de salive, qu'elles mâchent puis crachent. Elles se le procurent dans des épiceries africaines.
En homéopathie, *Mercurius solubilis* en 5CH à la posologie de 3 granules en prise unique peut souvent améliorer l'inconfort. Il ne faut pas en reprendre si l'amélioration persiste ; si, en revanche, cela ne fonctionnait pas, n'hésitez pas à en reprendre (jusqu'à 3 fois en 3 heures). En l'absence de résolution, il ne faut pas insister.

☑ *ma* to-do list

les 3 problèmes de circulation

Laura, 42 ans

“Moi qui suis habituée à courir chaque semaine, j’ai cru halluciner ! Rien que le fait de monter mes trois étages est devenu une épreuve. Une vraie mémé ! Une pause à chaque palier, ça fait bien rire mon compagnon. J’étais très inquiète de me sentir si essoufflée alors que je n’ai pas encore pris un gramme, mais depuis qu’on m’en a expliqué la raison, je suis rassurée. Pour la course à pied, ça m’oblige à être plus prudente et à faire plus attention à mon corps de femme enceinte.”

L’un des phénomènes les plus remarquables dès le début de la grossesse est l’augmentation du volume de sang circulant : près d’un quart de liquide en plus ! Cela oblige l’organisme à s’adapter très tôt : la respiration et les battements cardiaques s’accélèrent, ce qui entraîne un essoufflement précoce souvent surprenant. Dans le bas du corps, les problèmes circulatoires vont avoir des retentissements parfois déplaisants : crampes, lourdeurs, varices... Des conseils simples vont vous permettre de ne pas en souffrir.

1 Varices et jambes lourdes

L’imprégnation hormonale crée, comme nous l’avons déjà souvent évoqué, un relâchement des fibres musculaires de tout le corps. Les parois de veines, distendues par l’afflux de liquide, perdent leur élasticité, donc leur efficacité dans la propulsion du sang vers le cœur... Ces veines dilatées sont appelées « varices ». La position debout prolongée fait stagner le liquide dans les jambes, faisant saillir les varices, alors que, jambes allongées et surélevées, elles régressent spontanément (selon leur importance). Il en est de même pour la sensation de jambes lourdes, provenant du même phénomène.

2 Œdème

L'œdème, ou rétention d'eau, provient plus spécifiquement d'un réseau parallèle, le système lymphatique. Transportant des résidus trop épais pour le sang, il utilise un circuit qui passe par les chaînes de ganglions avant de revenir au cœur. Parfois, le circuit est bloqué, ce qui arrive pendant la grossesse suite à des compressions, et l'eau diffuse, imprégnant les tissus alentour. Les chevilles gonflent, les doigts aussi parfois.
De nouveau, surélever les jambes ou les mains apportera du réconfort.
Les drainages lymphatiques vous apporteront du soulagement. La consultation d'ostéopathie, en levant les blocages circulatoires, peut faire régresser les œdèmes. L'acupuncture est ici encore très efficace, ainsi que l'homéopathie grâce à des remèdes comme *Natrum sulfuricum* et *Pulsatilla*.
La compression est fortement indiquée dès les premiers signes de problèmes de circulation.

3 Crampes

Beaucoup de femmes souffrent de crampes durant la grossesse, souvent significatives d'un manque de magnésium. Commencez par rééquilibrer votre alimentation en augmentant l'apport en magnésium par la consommation de légumineuses, de fruits secs...
Une petite cure de magnésium peut être salvatrice : le nigari, disponible en coop bio et préparé à la dose de 20 grammes dans 1,5 l d'eau dont vous prendrez 1 à 2 verres par jour jusqu'à terminer la bouteille ; la prescription allopathique de Magné B6®, Mag2®, Spasmag® sera faite par votre sage-femme ou votre médecin. Un petit truc qui peut être efficace, même si votre conjoint vous regarde de travers : un morceau de savon de Marseille déposé dans le fond du lit... Le potassium neutralise la fuite des ions magnésium due à la transpiration. Gardez l'explication pour vous jusqu'au moment où il consultera, dans ce livre, le chapitre « Délires de la femme enceinte »... En homéopathie, *Zincum* et *Cuprum* en 9CH seront fréquemment conseillés.

ma to-do list

Astuce

Pour les ennuis liés à une mauvaise circulation sanguine ou lymphatique, le traitement de premier choix est la contention. Chaussettes ou bas, selon votre préférence : l'efficacité de la compression étant située au niveau de la cheville, des chaussettes peuvent suffire si vous ne supportez vraiment pas les bas.

les 2 signes qui doivent vous alerter

Parole de sage-femme

“Faites bien la différence entre la découverte d'une sensation nouvelle qui appelle une explication et la peur devant l'incompréhension de cette sensation qui entraînera systématiquement une douleur et un mauvais vécu. Vous devez apprendre à apprivoiser votre corps.”

Votre corps change, les organes bougent, leur placement, leur forme et leur volume évoluent à grande vitesse. Vous allez donc ressentir de toutes nouvelles sensations, qui vont vous surprendre, vous déranger peut-être, et toujours vous questionner... Est-ce normal ? Soyez attentive à ces changements. Essayez, avec l'aide de votre sage-femme, de les comprendre, et vous verrez que votre inquiétude tombera vite. Je sais que la réponse standardisée : « c'est normal, ne vous inquiétez donc pas comme ça », n'est pas suffisante. Il faut apprivoiser ce corps et le décoder pour vivre ses changements sereinement.

1 Le « mal au ventre »

Le mal au ventre est très fréquent au cours des premières semaines, comme d'ailleurs aussi par la suite. L'origine de cette sensation et les craintes qui lui sont associées ne sont toutefois pas les mêmes au deuxième et au septième mois.
Au début de la grossesse, l'utérus prend du volume dans le petit bassin et va basculer pour poursuivre son développement vers le haut, derrière la symphyse du pubis. Parfois, les organes en mouvement sont retenus par des adhérences de feuillets internes. Des sensations sont associées à toutes ces évolutions : lourdeurs, tiraillements ligamentaires, contractions du muscle utérin en croissance ressenties comme des douleurs de règles. Souvent assimilées à des

anomalies ou à des risques de fausse couche, ces sensations peuvent se transformer en douleurs si elles sont mal interprétées. Parlez-en en consultation, guidez votre sage-femme ou votre médecin en lui montrant la localisation des douleurs, et il (elle) pourra vous amener à comprendre votre corps. Cela vous aidera à mieux vivre ces changements.

2 Les saignements

Toujours inquiétants, ils ne sont pas irrémédiablement synonymes de gravité.
Avant la première échographie excluant une grossesse extra-utérine, il faut être facilement réactive et ne pas hésiter à consulter si vous présentez des pertes abondantes de sang rouge au niveau vaginal. Cette anomalie d'implantation de l'œuf (dans la trompe au lieu de la cavité utérine) impose une intervention chirurgicale urgente.
En dehors de ce diagnostic, le saignement de sang rouge peut avoir plusieurs explications, de pronostic variable. Le plus craint est la fausse couche spontanée. Elle est possible au cours du premier trimestre et correspond à l'évacuation de l'œuf. Toujours vécue dramatiquement lorsque l'on s'est déjà engagée mentalement dans le processus de la grossesse, elle correspond néanmoins à une « sélection naturelle » ; la constitution de l'embryon n'était vraisemblablement pas compatible avec une évolution normale. Piètre consolation, je l'admets, mais c'est une réalité physiologique.
Un décollement du trophoblaste, le précurseur du placenta, entraîne un saignement de sang rouge. Le diagnostic est également fait grâce à l'échographie qui visualise un hématome autour de l'embryon. On n'en connaît pas l'origine et le pronostic est très souvent bon avec du repos qui favorise la cicatrisation. La suite de la grossesse est parfaitement normale ; on ne la considère aucunement « à risque ».
D'autres types de saignements sont possibles, provenant du col de l'utérus. Ils n'ont pas de conséquence particulière si ce n'est un bon coup de stress... ce qui est déjà beaucoup ! Ces pertes de sang ont une origine commune avec les saignements de gencives et de nez (épistaxis, pour faire plus savant !) fréquemment observés pendant la grossesse : il s'agit d'une turgescence des muqueuses liée à l'augmentation du volume sanguin dès les premières semaines. Un traitement homéopathique par des ovules de calendula aidera à la cicatrisation.

☑ *ma* to-do list

le troisième mois

les 5 semaines
du 3e mois

Mois lunaires, mois calendaires… Ce mois-ci est arbitrairement allongé d'une semaine afin de rattraper la différence entre 28 jours et 30 ou 31 jours.

Le stade embryonnaire est terminé : on parle maintenant de fœtus.

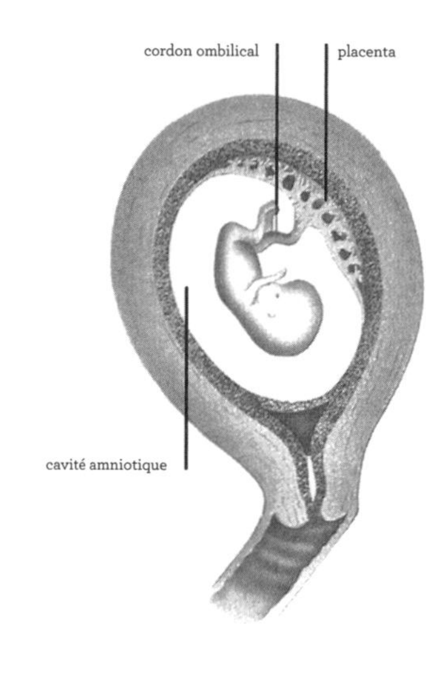

1 9e semaine de grossesse, 11e semaine d'aménorrhée

Votre bébé a désormais un aspect de « petit d'homme », déplié, membres formés, visage aux traits humains.
Les paupières sont maintenant terminées et recouvrent les yeux. Le diaphragme sépare le thorax de l'abdomen, et les organes sont dans leur loge définitive, sauf l'intestin, trop long pour être contenu dans l'abdomen, qui s'étend dans le cordon ombilical.
La fréquence des battements du cœur s'est accélérée, elle est désormais située entre 110 et 160 battements par minute. Elle restera dans cette fourchette toute la durée de la vie intra-utérine.
Le placenta est opérationnel, les échanges entre le sang maternel et le sang fœtal sont bien actifs. Il n'y a aucun contact – sauf accident – avec le sang maternel, ce qui permet à votre bébé d'avoir son propre groupage sanguin.
Le cordon ombilical contient 2 artères et 1 veine, et, pour l'instant, une partie de l'intestin. La veine transporte vers les organes du bébé le sang riche en nutriments et en oxygène puisés chez la mère, tandis que les artères emmènent les déchets vers le placenta, qui les fera passer dans le sang maternel pour évacuation.
La cavité dans laquelle se trouve le fœtus est emplie de liquide dit « amniotique ». Constitué essentiellement d'eau, de sels minéraux et de cellules fœtales, son volume évolue en permanence au cours de la grossesse, et il est en perpétuel renouvellement.

Les mensurations de votre bébé :
à 11 SA, le fœtus mesure 5,5 cm et pèse 10 g.

2 10e semaine de grossesse, 12e semaine d'aménorrhée

C'est au cours de cette semaine ou de la suivante que vous ferez votre première échographie. Vous verrez alors votre enfant bouger grâce à ses muscles et à ses articulations, pilotés par la moelle épinière. Le cerveau, encore trop primitif pour commander le corps, poursuit activement son développement et celui des futurs neurones.
Vous serez émerveillée par les progrès accomplis.
Imperceptiblement, tous les éléments se mettent en place, comme les bulbes des poils et des cheveux, les bourgeons des dents définitives, les cellules sécrétrices du pancréas… Le foie assure pour le moment la production des cellules du sang, jusqu'à ce que la moelle osseuse prenne le relais peu avant la naissance, tandis que l'intestin gagne définitivement la paroi abdominale.

▶ **Les mensurations de votre bébé :** à 12 SA, votre bébé mesure 7,5 cm et pèse 18 g. Son pied mesure 9 mm.

3 11e semaine de grossesse, 13e semaine d'aménorrhée

Le squelette est en pleine formation et un petit duvet apparaît au niveau des sourcils et de la moustache. Le cerveau n'est toujours pas aux commandes du corps et les mouvements sont des réflexes issus des fibres motrices branchées sur la moelle épinière.
Le visage, la paume des mains et la plante de ses pieds sont couverts de récepteurs tactiles, mais le sens du toucher n'est pas encore mature.

▶ **Les mensurations de votre bébé :** à 13 SA, il mesure 8,5 cm et pèse 28 g. Son pied mesure 1,2 cm.

4 12e semaine de grossesse, 14e semaine d'aménorrhée

Les organes génitaux externes se forment : si c'est un garçon, on peut désormais distinguer son pénis à l'échographie.
Tous les éléments des organes et du squelette mûrissent et grandissent.
À ce terme, ses récepteurs olfactifs sont différenciés. Son odorat va se développer durant la vie intra-utérine.

▶ **Les mensurations de votre bébé :** 14 SA, il mesure 10 cm et pèse 45 g.

5 13e semaine de grossesse, 15e semaine d'aménorrhée

Maintenant, bébé ouvre et ferme les doigts, bouge les orteils, toujours dans des mouvements réflexes. De la même façon, il ouvre la bouche, fait des mouvements de succion, avale du liquide amniotique. Il est capable de faire la différence entre le sucré et le salé grâce à quelques papilles gustatives déjà présentes sur la langue.
Une grande nouveauté, il fait pipi ! Ses reins sont maintenant actifs et désormais le circuit d'excrétion par les urines du liquide préalablement avalé fonctionne.

▶ **Les mensurations de votre bébé :** à 15 SA, il mesure 12 cm et pèse 65 g.

☑ ***ma***
to-do list ______

______

______

______

les 5 moments clés de la première consultation obligatoire

Parole
de sage-femme

“Le poids de début est bon à connaître. Il servira de point de départ pour évaluer votre prise de poids mensuelle. Vous choisirez de prendre en considération le chiffre de la balance au cabinet de consultation, ou chez vous, mais utilisez de préférence toujours la même !”

En France, le suivi de la grossesse comprend 7 visites médicales « obligatoires » et 3 échographies conseillées. La première d’entre elles doit être faite avant la fin du 3e mois de grossesse, soit avant 15 semaines d’aménorrhée. Lors de cette consultation, votre praticien mettra en place avec vous quelques éléments importants pour votre suivi. Les voici.

1 Le calcul de la date du début de la grossesse

La date du début de la grossesse est en général calculée en fonction de la date des dernières règles. Facile à dire ! La certitude de la durée du cycle, donc de la date de la fécondation, n’est pas toujours évidente à connaître, et nous n’avons pas forcément en tête la date de nos dernières règles… La plupart du temps, on a évalué une date probable de fécondation au moment du diagnostic de grossesse, puis programmé la première échographie en fonction de cette supposition (voir « Les 4 façons d’en être certaine », page 40). Ainsi, idéalement, vous aurez fait cette première échographie avant de faire la déclaration et il n’y aura pas d’erreur de date.

2 La déclaration de grossesse

La déclaration de grossesse est un papier administratif officialisant votre état de grossesse et sa date de début auprès des centres d’assurance maladie (CPAM, MSA,

RSI...) et de prestations familiales (CAF, MSA...) auxquels vous êtes rattachée. Elle doit leur être adressée avant 15 semaines d'aménorrhée.
C'est de cette déclaration que dépendra la mise en place de vos allocations familiales (si vous y avez droit), de votre congé de maternité, du congé de paternité et des différents aménagements professionnels dépendant des conventions collectives de votre entreprise (diminution du temps de travail quotidien, aménagement de poste...). Le formulaire comprend trois feuillets, que la sage-femme ou le médecin remplit, signe et tamponne au bas, complétant par les indications de la date de début de grossesse et celle du jour. Vous aurez quant à vous le plus gros du travail : renseignements d'état civil vous concernant et concernant le père de l'enfant que vous attendez, si, bien entendu, celui-ci souhaite être associé à la filiation.

En pratique :

Si vous êtes mariée, la loi désignera votre mari comme étant le père de l'enfant que vous portez. Si vous n'êtes pas mariée, le père de l'enfant et vous-même devrez faire une reconnaissance conjointe anticipée au cours de la grossesse (voir page 130 « Les 4 ou 5 papiers à ne pas oublier »).

3 Le dialogue avec le praticien

Histoire personnelle, habitudes de vie, antécédents médicaux personnels et familiaux sont importants à signaler. Certains renseignements peuvent en effet orienter votre suivi. Par exemple, des malformations ou des maladies qui se retrouvent chez plusieurs membres de la famille pourront nécessiter une consultation spécialisée par un généticien afin d'évaluer un risque de transmission à votre bébé.
La présence de diabète, d'hypertension artérielle ou d'autres pathologies dans votre famille proche peut être importante pour évaluer des facteurs de risques éventuels.
Un souci de dépendance à l'alcool, au tabac ou à d'autres substances doit être discuté dès à présent afin de trouver l'aide qui vous est nécessaire dans les plus brefs délais.

4 L'examen clinique

La sage-femme ou le médecin explorera vos diverses fonctions, de l'auscultation cardiaque à l'examen gynécologique. Fragilités circulatoires, cicatrices d'interventions chirurgicales, prise de la tension artérielle, toucher vaginal et examen du col de l'utérus, rien n'est négligé !
Pour le toucher vaginal, rien ne presse. Si vous le redoutez, exprimez-le... Pour ma part, je trouve intéressant de le pratiquer une fois au début de la grossesse afin d'avoir la sensation clinique du col (longueur, consistance, position). Cet examen de départ aura pour intérêt de dépister une éventuelle modification anormale au cours de la grossesse. Il ne sera peut-être pas nécessaire de le renouveler si tout se passe bien dans les mois suivants.

5 Les examens complémentaires prescrits

Si elle n'a pas déjà été faite, vous recevrez la prescription du premier bilan sanguin et urinaire à faire au laboratoire (voir p. 58 « Les 10 choses à savoir pour décoder... »).
Selon vos antécédents familiaux et personnels, vos facteurs de risques, votre histoire et vos habitudes de vie, votre sage-femme ou votre médecin pourra vous adresser à un confrère spécialiste afin de profiter de son expertise (endocrinologue, cardiologue, généticien, psychologue...) et de prendre toutes les précautions nécessaires pour la suite de votre grossesse.

☑ ***ma***
to-do list ______

______

______

______

les 10 choses à savoir pour décoder votre analyse

Conseil de pro

Il sera préférable de réaliser vos prises de sang toujours dans le même laboratoire. Certains examens doivent en effet être comparés d'un mois à l'autre. De plus, pour la carte de groupe sanguin, il faut nécessairement 2 prélèvements analysés au même laboratoire.

La première ordonnance que l'on vous remettra est une sombre liste d'abréviations... Des examens obligatoires pour la déclaration de grossesse, et surtout nécessaires pour établir un bon suivi. Parmi eux, des sérologies, dosages d'anticorps témoignant d'une protection acquise ou non contre un virus ou un parasite, et des recherches sur les cellules du sang.

1 TPHA VDRL

En début de grossesse, on teste systématiquement la sérologie de la syphilis. C'est l'un des examens obligatoires lors de la déclaration de grossesse. On l'appelle TPHA VDRL, ou parfois BW.

2 Rubéole

On contrôle toujours l'immunité contre la rubéole, car cette maladie contractée en début de grossesse créerait de graves malformations fœtales. Toutefois, si vous avez un résultat de dépistage positif datant de moins de 2 ans en votre possession, il ne sera pas nécessaire de le contrôler, surtout si vous avez été vaccinée dans l'enfance. Pensez à apporter votre carnet de santé et d'éventuels résultats d'examens. Une trace écrite de vaccination antérieure évitera une nouvelle prise de sang de contrôle 3 semaines plus tard.

3 Toxoplasmose

La sérologie de la toxoplasmose est elle aussi très importante. Elle conditionnera les règles d'hygiène alimentaire et de surveillance au long des mois à venir... Prise de sang chaque mois ou non ? Suspens...

4 HIV

La sérologie HIV est proposée, conseillée, mais non imposée. C'est le dépistage du sida. Ça ne rajoute même pas un tube au prélèvement, c'est donc une bonne occasion de vérifier. Un résultat positif entraînerait la mise en place pendant la grossesse d'un traitement que l'on sait très efficace pour réduire le risque de transmission du virus au bébé.

5 Ferritine

La ferritine est le reflet des stocks de fer. L'organisme de la femme enceinte utilise parfois ses réserves au fur et à mesure de l'accroissement des besoins. Un taux bas n'est donc pas systématiquement significatif d'une carence, mais doit être corrélé aux autres éléments de la numération sanguine. Un taux élevé ne certifie pas non plus de bonnes réserves, cette protéine voyant son taux monter en cas d'infection ou d'inflammation.

6 NFS-pq

La numération formule sanguine permet d'étudier les cellules du sang dans tous leurs aspects : nombre, volume, concentration... L'hémoglobine est un bon reflet d'une anémie qui s'installe, et son taux sera étudié en fonction d'autres paramètres pour juger de la pertinence d'un apport en fer. Les globules blancs, eux, sont presque toujours plus nombreux pendant la grossesse.
Le dosage des plaquettes – des cellules intervenant dans la coagulation – est généralement demandé avec cet examen.

7 Gr Rh phénotypé

La recherche du groupe sanguin, du rhésus et des autres groupages est essentielle afin d'orienter la surveillance. Si vous êtes de rhésus négatif, deux protocoles seront possibles : contrôle chaque mois des RAI afin de repérer une éventuelle immunisation (voir page 82), ou injection systématique d'immunoglobulines (Rophylac®) vers 6 mois de grossesse. Vous pourrez discuter avec votre praticien du mode de surveillance à choisir.

8 RAI

La recherche d'agglutinines irrégulières est le dosage d'anticorps éventuellement fabriqués par votre système immunitaire contre des marqueurs sanguins étrangers. Cette recherche revient normalement « négative ». Dans le cas contraire, une étude plus détaillée sera faite par le laboratoire afin d'en évaluer la dangerosité pour la grossesse et imposerait un suivi attentif durant la grossesse.

9 Glycémie à jeun

C'est le dosage du sucre dans votre sang après 12 heures de jeûne strict. Il n'est pas demandé systématiquement. Cet examen permet de dépister précocement un trouble de régulation du sucre, soit préexistant, soit lié à la grossesse. Si le taux est normal et que votre grossesse se déroule sans signe d'appel (bébé qui semble gros, prise de poids importante ou rapide pour vous), vous n'aurez pas besoin d'un contrôle particulier. Si en revanche ce taux de sucre est supérieur à 0,90 g/l, un examen complémentaire sera demandé.

10 Autres

D'autres examens sanguins, sérologies ou dosages hormonaux peuvent être ajoutés en fonction de vos antécédents personnels ou familiaux. N'hésitez surtout pas à en demander l'explication. Vous ferez chaque mois de façon systématique une analyse d'urines à la recherche du sucre (glycosurie) et des protéines (albuminurie ou protéinurie), et parfois une recherche de germes avec l'ECBU (examen cytobactériologique des urines). Nous y reviendrons dans un prochain chapitre.

☑ ***ma***
to-do list ____________

____

____

____

les 4 éléments importants pour comprendre la première échographie

Patrick,
34 ans

“La première échographie a été un vrai choc pour moi. Quand j'ai vu notre bébé sur l'écran, j'ai réalisé que ce n'était pas un rêve. Jusque-là, je voyais bien que Sophie était fatiguée, pâlotte, mais c'était très abstrait pour moi...”

La première échographie est toujours un moment magique. C'est la découverte visuelle de ce bébé tant rêvé. Vous, vous le pressentez en vous par les modifications de votre corps, mais votre conjoint, lui, découvre concrètement la présence de la vie qui est en vous.

Outre cet attrait « spectaculaire », cet examen pratiqué vers 12 semaines d'aménorrhée est un élément de dépistage et de suivi très important. Voici quelques pistes pour en comprendre les secrets.

1 La datation de la grossesse

Au terme de 12 semaines d'aménorrhée, la taille de l'embryon est encore constante, c'est-à-dire que les influences génétiques et environnementales n'ont pas encore de répercussion sur sa croissance. Le mesurer est donc un bon moyen pour évaluer la date du début de grossesse. Cette « date de début de grossesse » (DG dans le jargon administratif), même si elle reste toujours approximative à 3 ou 4 jours près, sera utilisée comme base pour la déclaration, le calcul de votre congé maternité et la programmation du suivi médical.

2 Le nombre d'embryons

C'est la seule échographie qui permet de voir l'embryon entier. Évidemment, il permet également de visualiser s'il y en a plusieurs... C'est souvent la petite angoisse présente au moment où l'échographiste pose sa sonde sur votre ventre, d'autant plus si votre famille ou celle de votre conjoint est habituée aux jumeaux...
S'il diagnostique une grossesse gémellaire, l'échographiste va chercher à établir si les embryons sont dans des poches différentes et s'ils ont des placentas distincts ou confondus. Ces éléments sont fondamentaux pour le suivi de la grossesse, les risques de complication en dépendant.

3 La vitalité de l'embryon et le premier examen morphologique

À ce terme, vous serez surprise de voir comme votre bébé est actif et déjà bien formé. Sa silhouette est bel et bien celle d'un bébé, avec bras, jambes et cœur qui tape. L'échographiste va étudier sa morphologie générale. L'intégrité de son crâne et de son squelette est attentivement étudiée afin d'écarter l'éventualité d'une grosse malformation. La structure de base de son cerveau est déjà visualisée, tout comme celle de son cœur et de la plupart de ses organes. Une étude morphologique précise sera possible à l'échographie suivante, vers 22 SA.

4 Les mesures (LCC, CN, BIP)

Afin de donner un âge à ce bébé et donc de dater le plus précisément possible le début de la grossesse, l'échographiste va prendre quelques mesures importantes. La longueur crânio-caudale (LCC sur le compte rendu) a valeur de référence pour dater la grossesse. Il s'agit de la longueur de l'embryon du haut de son crâne au bas de sa colonne vertébrale. Comme je l'ai dit précédemment, il n'y a pas encore à ce terme de petit ou de grand..., la mesure est « standard ».

Parfois sont également répertoriées les mesures du diamètre bipariétal (coupe de la tête au niveau de son plus gros diamètre), la longueur du fémur (l'os de la cuisse), et le périmètre ou le diamètre de l'abdomen.
Une autre mesure fondamentale est celle de la clarté nucale (CN). Il s'agit de l'épaisseur de la nuque, qui, si elle est supérieure à la norme, est un signe d'appel d'une éventuelle anomalie chromosomique du bébé. Le protocole actuel de dépistage de la trisomie 21 repose en partie sur cette mesure (voir page 64).

☑ *ma* to-do list

les 2 questions qui font battre le cœur un peu plus vite

Anna, 39 ans

“Je me souviendrai toujours de ce moment. L’échographiste pose sa sonde, je comprends tout de suite... J’entends comme une confirmation de ce que je vois : « Vous allez rattraper le temps perdu, il y en a deux ! ». Au plus profond de moi, je m’en doutais, mais tout de même, quelle émotion !”

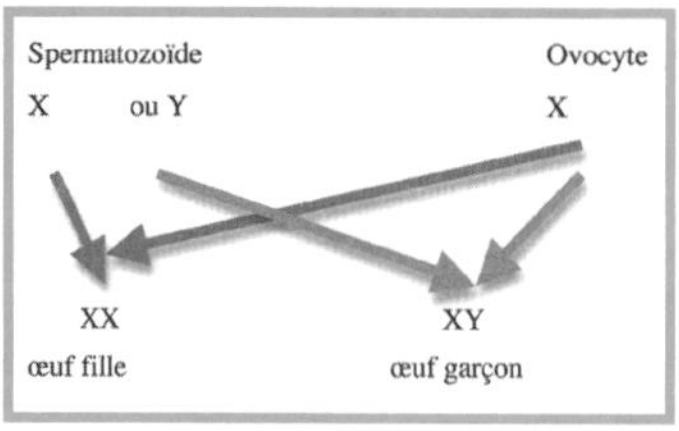

Sur l’échographie, il y a deux petites cases qui font battre le cœur un peu vite que les autres : nombre d’embryons et sexe... La première trouvera réponse dès la visualisation de 12 semaines d’aménorrhée, mais pour la seconde, il faudra attendre 22 SA, et encore, si bébé veut bien ! Mais au fait, comment ça marche, le choix du nombre et le choix du genre ?

1 Fille ou garçon ?

Ah ! la grande question... Tout le monde ira de sa prédiction, pour peu que vous gardiez le secret. Tout y passe, de la forme du ventre à l’intensité des « taches brunes », de l’aspect de la lune à la fécondation aux types de douleurs que vous ressentez... Un florilège ! Amusez-vous, chacun est totalement affirmatif et il a... une chance sur deux d’être dans le vrai.
Le sexe de l’enfant à naître est déterminé au moment de la fécondation. C’est le spermatozoïde qui apporte le chromosome X ou le chromosome Y, respectivement responsables de la formation d’un œuf femelle ou mâle. La connaissance du sexe est donc possible théoriquement dès la fécondation. Cependant, cela nécessiterait un prélèvement cellulaire pour en étudier les chromosomes. Dans le cadre d’une grossesse normale, vous devrez attendre la deuxième échographie pour connaître le sexe de votre enfant, si vous faites le choix de rompre le secret...

Spermatozoïde
X ou Y
Ovocyte
X
XX
œuf fille
XY
œuf garçon

▶ En pratique :

Dans le cas de maladies graves transmises uniquement à l’un des deux sexes (comme l’hémophilie ou la myopathie), on pourra étudier les chromosomes afin de connaître le sexe de l'enfant avant sa différentiation visible à l'échographie. On prélèvera alors précocement des cellules au niveau du trophoblaste (vers 8 SA) pour identifier le sexe. Cela s'appelle la « ponction de trophoblaste ».

2 Et si c'étaient des jumeaux ?

Être spontanément enceinte de jumeaux est exceptionnel : cela concerne environ 1 grossesse sur 80. Une grossesse triple (ou plus) est encore plus rare dans l'espèce humaine. Parfois on s'y attend franchement, quand on est issu de familles dans lesquelles la gémellité est fréquente depuis plusieurs générations ou lorsque l'on a bénéficié de l'assistance médicale à la procréation. Parfois, la surprise est totale. Il existe deux sortes de jumeaux : les « faux » et les « vrais ». Les premiers proviennent de deux fécondations différentes, c'est-à-dire de deux ovules et deux spermatozoïdes différents. Les enfants auront un niveau de ressemblance aléatoire, comme deux frères ou sœurs « classiques ». Ce sont les « faux jumeaux ». Peut-être entendrez-vous aussi le terme de « dizygote » ; avant de traiter l'échographiste de « dizygote toi-même », sachez que cela signifie juste deux œufs... Vos deux bébés ont dans cette situation un système d'alimentation indépendant, chacun son placenta et sa poche.

Les seconds sont issus d'un même œuf, qui se sera divisé en deux œufs distincts après la fécondation. Les enfants ont alors des gènes identiques car issus d'une seule et même cellule fécondée, ils se ressembleront parfaitement et seront forcément de même sexe. C'est pourquoi on les qualifie de vrais, ou encore « monozygotes ».
Plus la séparation en deux est tardive (entre quelques heures et quelques jours après la fécondation), plus ils ont d'éléments en commun :

- séparation précoce : grossesse bichoriale biamniotique, les bébés ont chacun leur placenta et chacun leur poche,
- séparation plus tardive : grossesse monochoriale biamniotique, les bébés ont un seul placenta qu'ils partagent, mais chacun une poche,
- séparation encore plus tardive : grossesse monochoriale monoamniotique, les bébés ont un seul placenta et sont dans la même poche,
- séparation très tardive : à l'extrême, ce sont les enfants siamois, qui partagent un élément anatomique.

Les complications les plus importantes proviennent du partage de la circulation placentaire, qui risque de déséquilibrer l'alimentation entre les deux bébés. Cette pathologie s'appelle le syndrome transfuseur-transfusé et peut nécessiter une intervention.

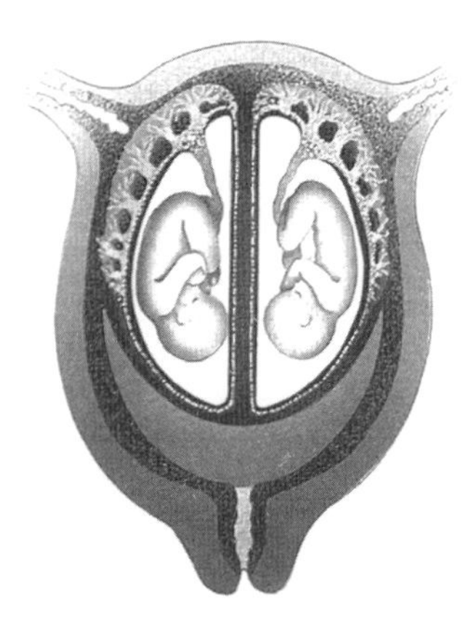

Faux jumeaux et quelques vrais jumeaux : chaque bébé possède son placenta et sa cavité amniotique.

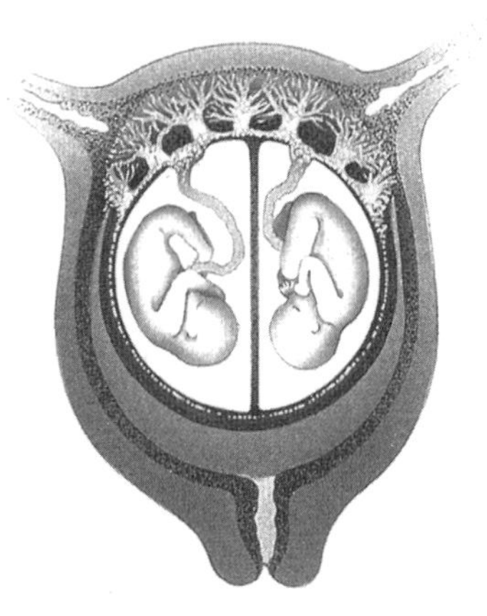

Vrais jumeaux : les deux bébés ont un placenta commun et des cavités amniotiques séparées.

les 4 choses à savoir sur le dépistage sérique de la trisomie 21

Parole
de sage-femme

“Si vous souhaitez poursuivre votre grossesse et garder l'enfant même s'il est atteint, vous vous demandez sans doute si vous devez ou non faire ce test. Je vous rappelle qu'il n'est pas obligatoire. Il peut être intéressant de le faire malgré tout, car il permet le dépistage d'autres pathologies (cardiaques, digestives, du système nerveux central). Diagnostiquer des pathologies lourdes pendant la grossesse permet une prise en charge adaptée et programmée à la naissance dans le cas où vous choisissez de poursuivre la grossesse.”

La trisomie 21 est une anomalie du nombre de chromosomes 21, responsable de ce que l'on nommait autrefois le « mongolisme ». C'est un « accident » de fécondation. Le seul moyen d'en faire le diagnostic est d'étudier les chromosomes du fœtus, mais pour cela il est nécessaire de prélever des cellules de l'enfant *in utero*... Cela peut se faire par la ponction du trophoblaste ou, plus couramment, par l'amniocentèse (prélèvement de liquide amniotique). Ces tests sont proposés mais **en rien obligatoires** depuis plus de 15 ans en France, et les modalités de prélèvement évoluent régulièrement pour plus d'efficacité.

1 À quoi ça sert ?

Ce dépistage a pour objectif d'évaluer un risque d'atteinte du fœtus. Ce risque sera exprimé sous forme de 1 sur X... : par exemple 1/10 000, ou 1/50. Il permet de cibler les futures mères pour lesquelles l'amniocentèse est préconisée. Le but est de dépister les fœtus atteints d'anomalies chromosomiques spécifiques (trisomie 21 et trisomie 18 surtout) durant la grossesse afin de permettre aux futurs parents de décider s'ils souhaitent ou non poursuivre la grossesse.

2 Comment fait-on ?

Depuis juillet 2009 et jusqu'à nouvel ordre, le protocole prévoit deux possibilités de dépistage.
La première vous proposera une prise de sang à réaliser précisément entre 11 SA et 13 SA + 6 jours (votre sage-femme ou votre médecin vous donnera la fourchette précise de dates). Ces résultats seront associés à l'étude des mesures relevées lors de la première échographie. Un calcul statistique de risque sera exprimé à partir de ces données.
La seconde possibilité consiste en un prélèvement de sang entre 14 SA et 17 SA + 6 jours, dosant une autre substance, toujours corrélée aux données de la première échographie. Le risque sera exprimé de la même façon.

3 Que dose-t-on ?

Le prélèvement dose l'hormone de grossesse BHCG. Un taux élevé fait craindre une anomalie fœtale.
Une autre substance, l'alpha-fœtoprotéine, est dosée lors du prélèvement plus tardif (seconde possibilité). Lorsque son taux est très augmenté, on craint une malformation du système nerveux central (comme le *spina-bifida*, qui est un problème de la moelle épinière). Inversement, son taux anormalement bas croisé à un taux élevé de BHCG peut faire craindre une trisomie 21. Il y a d'autres subtilités de dosages, comme le PAPP-A et l'œstriol, mais c'est affaire de spécialistes... et cela évolue régulièrement.

4 Comment comprendre les résultats ?

Vous recevrez un courrier sous 15 jours environ, vous indiquant que votre praticien a reçu les résultats. Il vous contactera pour vous les communiquer.
Comme je vous l'ai indiqué précédemment, il ne s'agit que d'une évaluation de risque. Cette évaluation (1 risque sur...) sera étudiée de près avant qu'une amniocentèse ne soit proposée. Ce geste, qui n'est pas anodin, ne sera pratiqué que si le risque supposé d'anomalie fœtale est important (et toujours avec votre accord, bien entendu) : on ne prendra pas le risque de faire cette intervention si le risque estimé est minime. L'amniocentèse peut entraîner une fausse couche : même si cette complication est rare, elle ne peut jamais être exclue.

ma to-do list

____

____

____

____

____

____

____

____

____

____

____

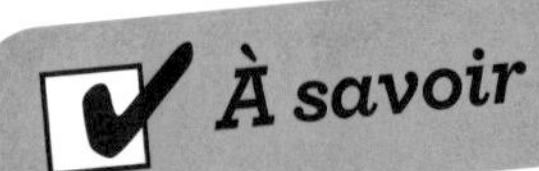

Il s'agit bien d'un dépistage : le test recherche des éléments pouvant faire penser que le fœtus a un risque accru d'être atteint. Ce n'est en aucun cas un diagnostic : ces examens ne peuvent pas certifier que le futur bébé est atteint ou indemne de cette anomalie.

les 5 choses à savoir sur vos droits

Bon à savoir pour les familles recomposées

Si vous avez des enfants officiellement à charge en garde alternée, ils sont comptabilisés dans le nombre d'enfants au foyer. Ainsi, si votre mari a deux enfants accueillis en garde alternée, votre congé sera celui d'un troisième enfant, même si c'est votre première grossesse.

La période de grossesse entraîne également des changements administratifs... Dans notre pays, les futurs parents bénéficient de droits spécifiques. Voici les réponses à quelques questions courantes. Vous devrez bien entendu ajuster ces données en fonction de votre statut et des spécificités de votre caisse d'assurance maladie.

1 L'annonce de la grossesse à l'employeur

Vous n'êtes pas dans l'obligation d'annoncer votre grossesse dès son début à votre employeur. À vous de choisir le moment de l'annonce, en sachant que vous êtes protégée par le code du travail : vous ne pouvez pas être licenciée pour cause de grossesse. Trouvez le moment opportun qui vous permettra de continuer à travailler dans de bonnes conditions tout en donnant la possibilité à votre employeur d'anticiper votre remplacement lors du congé maternité.

2 Le congé de maternité

Les futures mères salariées ayant travaillé au moins 200 heures dans les 3 mois précédents ou cotisé suffisamment bénéficient d'un congé spécifique appelé « congé de maternité ». Il n'y a pas de démarche à effectuer, son attribution est systématique si l'on a déclaré sa grossesse aux organismes concernés. Une partie de ce repos est prise avant la naissance de l'enfant, une autre après. Sa durée est dépendante du nombre d'enfants à charge.

En pratique :

Depuis 2007, vous pouvez (sous réserve de la bonne santé de votre grossesse) reporter une partie de votre repos prénatal en postnatal, tout en gardant impérativement 3 semaines en prénatal.

3 Le congé de paternité

Ce congé attribué aux pères est de 11 jours consécutifs (week-ends et jours fériés inclus) auxquels s'ajoutent 3 jours donnés par l'employeur. Vous pouvez prendre ce congé entre la naissance et les 4 mois de l'enfant. Vous pouvez grouper les 14 jours consécutifs, ou dissocier les 3 et les 11 jours. Vous devez simplement informer votre employeur par courrier, au minimum un mois avant, de la date choisie pour les congés. Vous devrez ensuite signer et envoyer à la caisse d'assurance maladie une attestation de salaire fournie par votre employeur, accompagnée d'un certificat de naissance de l'enfant et cela, dès le début du congé.

En pratique :

Si vous souhaitez prendre le congé au moment de la naissance, il est évidemment impossible d'en prévoir la date exacte... Envoyez votre lettre de demande en précisant l'incertitude des dates et discutez-en avec votre employeur. Ça ne pose en général pas de problème.

4 L'assurance maternité

C'est un complément de l'assurance maladie auquel toutes les femmes enceintes assurées sociales (ou ayant droit d'un assuré social) ayant déclaré leur grossesse ont droit.

Cette assurance permet le remboursement à 100 % (tarif conventionné de la Sécurité sociale) des actes médicaux relatifs à la grossesse, et cela du premier jour du 6e mois de grossesse à 12 jours après l'accouchement : consultations obligatoires de grossesse, échographies, examens biologiques, hospitalisations et autres examens complémentaires ; préparation à la naissance et à la parentalité ; la rééducation périnéale si elle est débutée dans les 90 jours suivant l'accouchement ; les consultations obligatoires du nouveau-né au cours de la première année (l'assurance maladie prend le relais au premier anniversaire de l'enfant). L'assurance maternité verse également les indemnités journalières, prenant ainsi le relais de l'employeur pour votre rémunération durant tout le congé maternité.

5 Les prestations auxquelles vous avez peut-être droit

La prestation d'accueil du jeune enfant (PAJE) est constituée de 4 aides financières :

- la prime de naissance ou d'adoption, versée au 7e mois de la grossesse, et sous condition de ressources,
- l'allocation de base, sous condition de ressources,
- le complément de libre choix d'activité, si vous décidez d'arrêter de travailler ou de prendre un temps partiel.
- le complément de libre choix de mode de garde, si vous faites appel à une assistante maternelle ou à une garde d'enfant à domicile.

	Vous attendez	Congé prénatal	Congé postnatal
Vous n'avez pas d'enfant	• Votre 1er enfant • des jumeaux • des triplés et plus	• 6 semaines • 12 semaines • 24 semaines	• 10 semaines • 22 semaines • 22 semaines
Vous avez déjà un enfant	• un 2e enfant • des jumeaux • des triplés et plus	• 6 semaines • 12 semaines • 24 semaines	• 10 semaines • 22 semaines • 22 semaines
Vous avez déjà deux enfants ou plus	• un nouvel enfant • des jumeaux • des triplés et plus	• 8 semaines • 12 semaines • 24 semaines	• 18 semaines • 22 semaines • 22 semaines

le quatrième mois

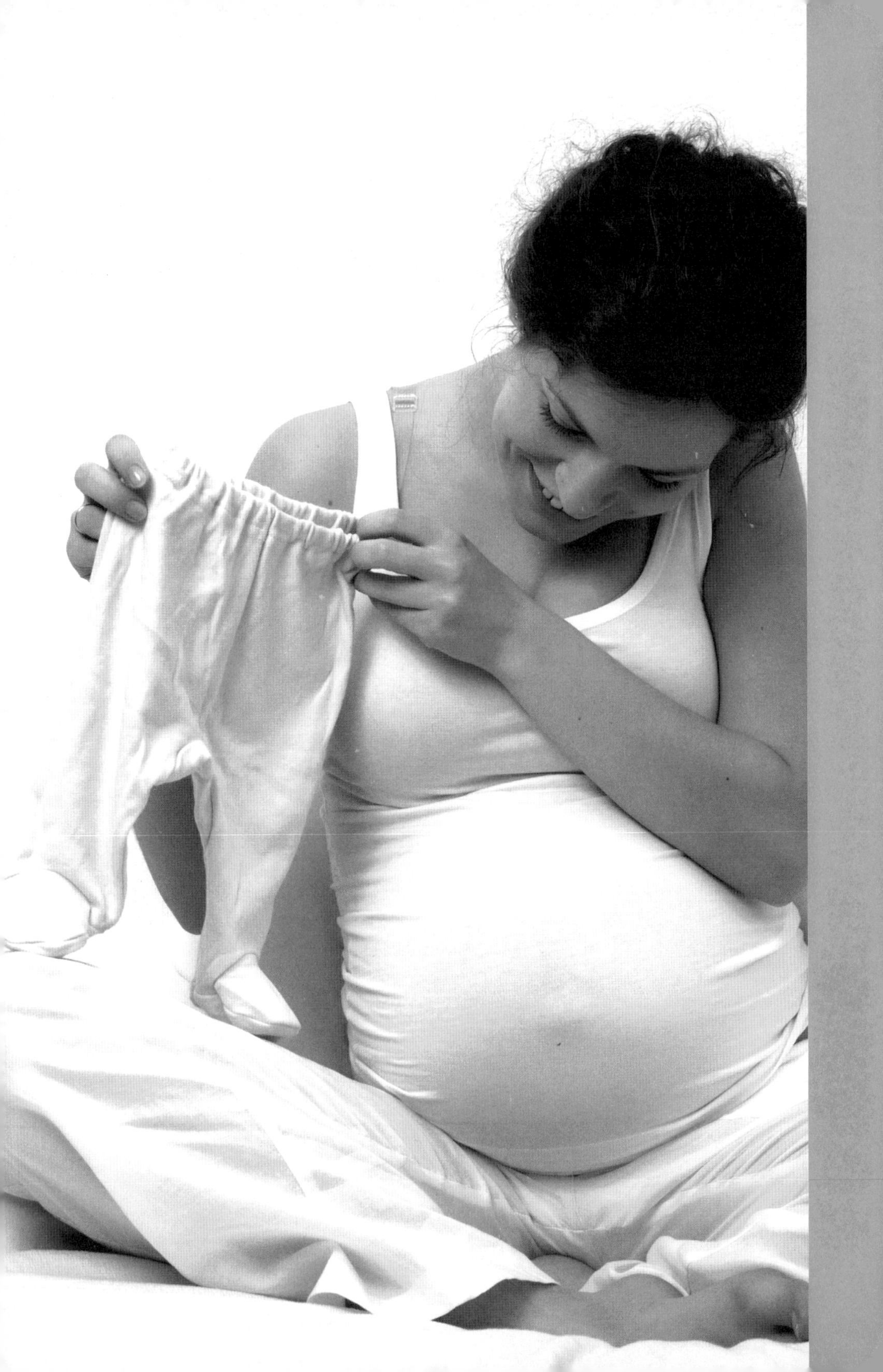

les 4 semaines
du 4e mois

Parole
de sage-femme

“La perception des mouvements actifs de votre bébé n’est pas loin, si ce n’est déjà fait... Des petites bulles, des frémissements, chacune aura sa sensation propre.”

Croissance, développement sensoriel et... pour vous, découverte des mouvements de bébé. D’abord incrédule, vous allez bientôt être sous le charme de l’évidence.

1 14e semaine de grossesse, 16e semaine d’aménorrhée

Ça y est, sa tête est droite, les yeux mobiles dans les orbites et il fronce les sourcils.
Ses jambes sont plus longues que ses bras et son squelette se calcifie.
La glande thyroïde sécrète l’hormone thyroïdienne et a besoin pour cela d’un apport suffisant en iode assuré par votre alimentation.

- **Les mensurations de votre bébé :**
il mesure maintenant 14 cm et pèse 110 g.

2 15e semaine de grossesse, 17e semaine d’aménorrhée

Votre enfant bouge dans le liquide amniotique, qui s’infiltre dans le système respiratoire en formation. Le bébé n’a pas besoin de ses poumons pour respirer, mais ceux-ci doivent impérativement se développer pour être fonctionnels lors du contact avec l’air à la naissance. À ce terme, de petits mouvements respiratoires anarchiques débutent et font circuler le liquide.

- **Les mensurations de votre bébé :**
il mesure 16 cm et pèse 135 g.

3 16e semaine de grossesse, 18e semaine d'aménorrhée

Sur le plan sensoriel, bébé serait capable de voir : sa rétine est en effet fonctionnelle. Cependant, il n'a pas de stimulation possible de la vue, les paupières étant fermées et encore soudées.
Après la lèvre et les sourcils, c'est tout le corps qui se couvre d'une épaisseur de duvet appelé « lanugo », qui ne tombera qu'après la naissance.

▸ **Les mensurations de votre bébé :** il mesure 17,5 cm et pèse 160 g.

4 17e semaine de grossesse, 19e semaine d'aménorrhée

La peau transparente de bébé laisse deviner la richesse des vaisseaux et des capillaires sanguins. La myéline se forme, substance protectrice de la moelle épinière qui permet la conduction de l'influx nerveux.
L'intestin se place et une substance faite de déchets ingurgités par le bébé commence à s'accumuler : il s'agit du « méconium », qui constituera la substance des premières selles évacuées à la naissance par l'enfant. L'appendice apparaît à ce terme.

▸ **Les mensurations de votre bébé :** il mesure à ce stade 19 cm et pèse 200 g.

☑ *ma* to-do list

____

____

____

____

____

____

____

____

____

____

____

____

____

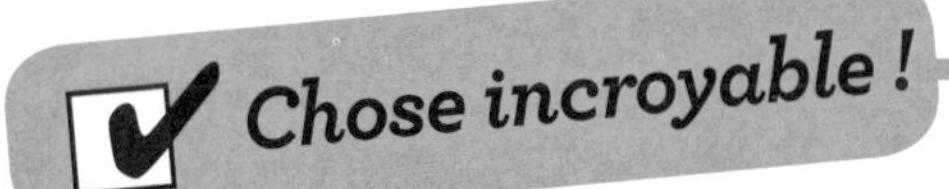

À seulement quatre mois de vie gestationnelle, votre bébé est capable d'identifier les 4 saveurs : l'amer, l'acide, le sucré et le salé. Des expériences pratiquées à ce terme ont même démontré qu'il préfère le goût sucré... Ne me faites pas dire ce que je n'ai pas dit ! Inutile de doubler les rations de pâtisserie...

les 3 rendez-vous
du 4e mois

Chaque mois, vous aurez désormais une visite médicale de suivi de votre grossesse. Ce quatrième mois, vous allez également bénéficier d'un entretien individuel, première étape de la préparation à la naissance et à la parentalité, ou entretien isolé si vous ne souhaitez pas suivre de préparation (entre nous, quel dommage de vous en priver !).

Conseil de pro

Il est primordial de savoir que la préparation est bénéfique quel que soit le nombre d'enfants que l'on a déjà. Pour le premier, certes, mais aussi pour les grossesses suivantes, ces rendez-vous sont très importants pour la richesse des échanges, le soin du corps et le travail de préparation à l'accouchement.

1 La visite médicale

Il s'agit de la deuxième visite « obligatoire » du suivi de votre grossesse. Comme chaque mois, vous ferez le point sur votre ressenti, vous poserez les questions qui vous tiennent à cœur.
Votre sage-femme ou votre médecin fera un examen détaillé ; il veillera à votre bon état général en prenant entre autres votre tension artérielle, et s'assurera de la bonne évolution de votre grossesse. Pour cela, il prendra, grâce à un mètre ruban, la mesure de votre utérus appelée « HU » (hauteur utérine) afin d'en évaluer la croissance, qui reflète celle de l'enfant, et écoutera les battements cardiaques de votre bébé à l'aide d'un petit appareil amplificateur à ultrasons. L'examen gynécologique par toucher vaginal n'est pas systématiquement fait chaque mois ; cela dépend de votre ressenti et de signes d'appels éventuels détectés par votre praticien.
Ce mois-ci, vous aurez une prise de sang à faire si vous n'êtes pas immunisée contre la toxoplasmose. Comme chaque mois, une analyse d'urine destinée à la recherche des protéines et du glucose vous sera prescrite.

2 L'entretien individuel ou en couple

Un entretien individuel ou en couple vous est proposé ce mois-ci ; il constitue en général la première séance de préparation à la naissance et à la parentalité. Dans ce cas, vous le ferez avec la sage-femme que vous avez choisie pour ces séances. Certaines maternités proposent toutefois cet entretien indépendamment de la préparation.
Cet entretien a pour objectif de compléter le suivi médical en abordant tous les thèmes qu'il est parfois difficile d'approfondir en consultation, faute de temps. Durant environ 1 heure, vous échangerez avec le praticiensur le choix du lieu d'accouchement, l'hygiène de la grossesse, vos droits, le mode de vie, l'arrivée de votre bébé...

En pratique :

Cette séance est prise en charge en totalité par l'assurance maternité et peut même être réalisée plus tard si vous avez raté la date !

3 La préparation à la naissance et à la parentalité

La « préparation » est une opportunité extraordinaire pour vous aider à vivre votre grossesse en toute sérénité. En général proposée par des sages-femmes (mais pas exclusivement !), elle comporte 8 séances prises en charge en totalité par l'assurance maternité, et cela même avant le début du sixième mois.
Vous aborderez tous les thèmes qui vous tiennent à cœur, poserez toutes les questions possibles, et ferez souvent quelques exercices physiques et de relaxation... En fait, c'est « tout ce que vous avez toujours voulu savoir sur la grossesse et l'accouchement sans avoir jamais osé le demander »... Différentes propositions existent, que vous choisirez en fonction de vos attentes et de ce qui est offert dans votre secteur géographique. Parmi elles, outre les préparations classiques précédemment décrites, vous trouverez la préparation en piscine, le yoga, la sophrologie, l'haptonomie, le chant prénatal...
Les séances se pratiquent soit en couple, soit en petit groupe (de 3 à 6 femmes maximum), soit individuellement.

ma to-do list

____

____

____

____

____

____

____

____

____

____

____

____

Je vous conseille de prendre contact dès à présent pour la préparation, cela vous permettra d'anticiper les séances de préparation à la naissance.

les 3 examens complémentaires

Sophie
39 ans

“À la suite de la prise de sang, on m’a informée que le risque d’anomalie génétique était élevé. Le médecin m’a proposé de faire une amniocentèse. J’étais pourtant assez réticente : imaginer une aiguille dans mon ventre était inconcevable, alors qu’un petit être s’y nichait… Et puis finalement, la partie la plus éprouvante était l’attente : 3 semaines ! Alors mon conseil, si vous passez par là, c’est de ne pas vous y rendre seule. L’attente, le geste, le trajet, toutes ces étapes nécessitent un soutien psychologique et logistique.”

Ce quatrième mois de grossesse est celui du dépistage. Celui-ci peut faire suite à la première échographie, ou à la prise de sang destinée à la recherche des facteurs de risque d’anomalies chromosomiques dont nous avons précédemment parlé.

1 L’amniocentèse

L’amniocentèse est le prélèvement de liquide amniotique par ponction au travers de l’abdomen. Même si ce geste vous paraît effrayant, il n’est pas douloureux. Sachez qu’il est pratiqué par des gynécologues obstétriciens compétents, qui en maîtrisent parfaitement la technique. Il vous est toujours possible de refuser l’intervention, même si cette décision est, j’en conviens, très difficile à prendre.
L’objectif de ce prélèvement de liquide amniotique est le plus souvent de recueillir et de mettre en culture des cellules du fœtus qui s’y trouvent en suspension afin d’en étudier les chromosomes. Cet « inventaire » des chromosomes, qui s’appelle le « caryotype », permet de visualiser leur nombre et leur type afin de diagnostiquer une éventuelle anomalie. On peut également rechercher dans ce liquide amniotique une atteinte virale ou des troubles métaboliques du fœtus. Les éléments recherchés le seront en fonction de l’indication du prélèvement.
Le geste se pratique en salle d’échographie, car le médecin pratiquant l’amniocentèse guide son geste grâce à l’image. Après s’être enquis de la position du fœtus, il fait une large et soigneuse désinfection du ventre. Il ponctionne et prélève du liquide à l’aide d’une seringue. Le petit flacon de liquide amniotique est ensuite adressé à un laboratoire d’analyses spécialisé. Pour obtenir le caryotype, il faudra compter un délai de 3 semaines. Une fois le geste achevé, vous resterez quelques heures au repos à la maternité, puis vous pourrez rentrer à la maison après un contrôle

de la bonne vitalité fœtale par une échographie effectuée environ 2 heures après la ponction. Il vous est fortement recommandé de continuer à vous reposer au cours des 24 heures qui suivent et de bien boire de l'eau afin que le liquide amniotique se reconstitue.

2 L'échographie intermédiaire

Une échographie supplémentaire entre celle de 12 SA et celle de 22 SA peut vous être conseillée dans un certain nombre de cas. Il s'agit d'un contrôle dont les indications peuvent être diverses : un doute sur un élément mal visualisé lors de la première échographie, un antécédent de malformation lors d'une grossesse antérieure, un calcul de risque un peu élevé par le test sanguin de dépistage... Le praticien qui vous conseille cet examen complémentaire vous expliquera précisément la raison de cette intervention.

3 La consultation de génétique

Cette consultation peut être importante si vous avez connaissance de l'existence, de votre côté ou dans la famille du père du bébé, de maladies familiales remontant à plusieurs générations, par exemple de certaines malformations. Si vous avez des doutes, évoquez-les dès le début de la grossesse afin d'être, le cas échéant, dirigée vers ce spécialiste avec votre conjoint. Un interrogatoire par le généticien permettra la constitution d'un arbre généalogique de l'anomalie, et un peu de sang pourra même vous être prélevé si nécessaire pour l'étude de votre caryotype.

☑ *ma* to-do list

les 3 choses que vous n'osez pas demander sur la sexualité

Conseil de pro

Toutes ces situations sont rares, ne l'oubliez pas. Ces précautions vous seront données par la sage-femme ou le médecin, et s'ils l'omettent, demandez-leur !

Cette question est importante et souvent négligée, par pudeur ou par peur du jugement. Elle est en fait bien naturelle ! Si le désir est rendu aléatoire par ce nouvel état, la sexualité est sans danger pendant la grossesse.

1 Les rapports sexuels

Contrairement aux appréhensions souvent véhiculées, aucun risque de fausse couche n'est lié aux rapports sexuels. Ce qu'il faut, c'est avoir des rapports si on en a envie, quand on en a envie... et comme on a envie. Parfois, c'est juste la pénétration qui n'est pas souhaitée. Une sexualité plus inventive est alors à créer, faite de caresses et de baisers, qui donnera du plaisir à l'un comme à l'autre tout en respectant vos craintes, sans oublier la tendresse.

Quelques rares situations peuvent contre-indiquer les rapports sexuels. Si vous présentez une importante menace d'accouchement prématuré, avec le col de l'utérus très court et ouvert et des contractions difficiles à calmer, il sera préférable de s'abstenir. Attention, il s'agit ici de la vraie menace d'accouchement prématuré ! Si on vous a juste conseillé le repos car le col de l'utérus se ramollissait un peu, le risque n'est pas le même... Parlez-en à votre sage-femme ou votre médecin qui saura vous conseiller.

Si vous avez perdu les eaux prématurément (très rare), il ne faut pas avoir de rapports par pénétration. Cela paraît assez logique : dans cette situation hautement pathologique, tous les efforts sont fournis pour éviter le démarrage du travail d'accouchement d'une part, et le risque d'infection de l'autre.

Le placenta inséré très bas sur le col de l'utérus est également une contre-indication à la pénétration. Ici, la percussion, même douce, de la zone du col risque d'entraîner une hémorragie par lésion d'un vaisseau sanguin.

2 Le manque de désir

Au cours du premier trimestre de la grossesse, le corps n'a pas encore changé d'aspect, mais dans la tête de la femme, bébé est déjà très présent. Entre crainte et fascination, mais aussi, soyons honnêtes, entre sommeil et nausées, le désir sexuel n'est pas toujours au premier plan !

Pour le futur père, cette période génère parfois bien des questions, ou alors il se sent « bloqué » par l'idée de ce petit être en formation. Pas de panique… La période de grossesse est perturbante pour la sexualité du couple, tant psychiquement que physiquement, mais ce n'est qu'une étape. Avec du temps, des discussions et… des caresses, vos relations reprendront tranquillement pour redevenir comme avant. Et, chose essentielle, vous devez rester tolérant(e) vis-à-vis des sensations et appréhensions de votre partenaire.

Pendant le deuxième trimestre de la grossesse, la sexualité est parfois plus épanouie. J'ai bien dit parfois ! Le mythe de la femme enceinte gourmande de sexualité, à la peau veloutée, la chevelure superbe, les seins avantageux, reste le plus souvent… un mythe ! Tant mieux pour vous si vous êtes concernée, et sinon, continuez « au feeling ».

Au troisième trimestre se pose une question technique… Le ventre est imposant, il faut faire preuve de créativité pour contourner les obstacles ! Essayez, jouez, faute d'orgasme, vous trouverez au moins le fou rire ! (Mais au fait, ça donne aussi des contractions, non ?)

3 Après le rapport

Sachez qu'un orgasme, qu'il soit obtenu par pénétration ou juste par les caresses, va vous donner des contractions utérines. C'est une réaction normale du muscle, qui ne risque pas de provoquer l'accouchement. Parfois, vous pouvez être gênée dans le bas du ventre pendant quelque temps suite à un rapport ; respirez bien, détendez-vous, si vous sentez que cela vous apaise, demandez à votre conjoint de poser sa main sur votre ventre.

Il n'est pas rare qu'il y ait un petit saignement suite au rapport par pénétration. Ce sang vient du col de l'utérus, qui est fragile et très vascularisé dès le début de la grossesse. Ces petits vaisseaux peuvent se rompre, entraînant des saignements toujours minimes et sans aucune gravité. Si vous ne vous levez pas après le rapport (et que vous étiez couchée), vous pourrez découvrir des pertes de sang séché marron plus tardivement.

☑ *ma* to-do list

Une perte abondante de sang (comme des règles importantes) doit toujours vous amener à consulter en urgence.

le cinquième mois

les 5 semaines du 5e mois

Parole
de sage-femme

“Futur papa, c’est certainement au cours de ce mois que vous allez sentir bébé bouger. Laissez-vous guider par votre compagne, posez votre main bien à plat sur son ventre, et ressentez... Surtout, coupez le téléphone, laissez de côté vos préoccupations et choisissez un moment où vous serez tout à votre enfant. Laissez-le venir, parlez-lui, il finira un de ces jours par donner un petit coup dans votre paume.”

Il bouge, il grandit, il mûrit...
et vous aussi !

1 18e semaine de grossesse, 20e semaine d’aménorrhée

Bébé a franchi une étape, invisible, mais fondamentale : il a achevé la multiplication de ses cellules nerveuses ; il ne reste qu’à les relier entre elles pour que le cerveau et le système nerveux soient fonctionnels. Il possède entre 12 et 14 milliards de ces cellules...
Pour le reste, les évolutions se poursuivent, avec l’épaississement de la peau, l’apparition des ongles et des cheveux. Sa musculature se renforce, comme vous l’indiquent ses mouvements vigoureusement ressentis.

- **Les mensurations de votre bébé :** il mesure 20 cm et pèse 240 g. Le diamètre de sa tête fait 4,8 cm.

2 19e semaine de grossesse, 21e semaine d’aménorrhée

Maturation et croissance se poursuivent... Il dort beaucoup, entre 16 et 20 heures par jour, commençant à alterner les phases de sommeil profond et léger, durant lesquelles il sera plus ou moins facile à stimuler.

- **Les mensurations de votre bébé :** il mesure 21,5 cm et pèse 335 g. Le diamètre de sa tête fait 5,1 cm.

3 20e semaine de grossesse, 22e semaine d’aménorrhée

À ce terme, le pancréas commence sa sécrétion d’insuline, qui permet la régulation du taux de sucre dans le sang appelé « glycémie ». Celle-ci reste toutefois étroitement liée à la vôtre pendant la grossesse.
Si votre enfant est une fille, c’est le terme où son vagin se forme.

Les mensurations de votre bébé : il mesure 22,5 cm et pèse 385 g. Le diamètre de sa tête fait 5,4 cm.

4 21e semaine de grossesse, 23e semaine d'aménorrhée

Le réflexe de succion s'affine. Bébé réussit même parfois à sucer son pouce.
La croissance se poursuit...

Les mensurations de votre bébé : il mesure 24 cm et pèse 440 g. Le diamètre de sa tête fait 5,8 cm.

5 22e semaine de grossesse, 24e semaine d'aménorrhée

L'enfant réagit maintenant aux stimulations auditives. Il vit désormais dans un environnement sonore très... stimulant, entre les bruits de votre cœur et ceux de votre digestion. Sa perception va évoluer au cours des semaines, progressant d'une sensibilité aux seuls aigus dans les premiers temps vers les sons graves.
L'iris de l'œil se pigmente.
Les glandes sébacées de la peau sécrètent le *vernix caseosa*, protection graisseuse blanche de la peau qui persistera parfois dans certains plis cutanés jusqu'à la naissance.

Les mensurations de votre bébé : il mesure 26 cm et pèse 500 g. Le diamètre de sa tête fait 6,1 cm.

☑ *ma* to-do list

les 2 rendez-vous
avec votre bébé

Valentine, 29 ans

“Comme pour chaque échographie, ce rendez-vous avec bébé est intense et magique. Un moment unique qui m'a permis de faire plus ample connaissance avec ce petit être en moi. « Ce petit être », indéterminé... On ne voulait pas savoir si ça serait une fille ou un garçon. Mais on a oublié de le dire à l'échographiste, alors quand il a conclu en disant qu'ELLE était en parfaite santé, vous imaginez notre surprise !”

Ce mois-ci, outre votre consultation de grossesse, vous allez avoir à faire votre deuxième échographie. Un grand moment ! Peut-être allez-vous choisir de connaître le sexe de votre enfant ? Ou garder le secret ?

1 La visite du 5e mois

Troisième visite obligatoire de grossesse, elle se fait sur le même modèle que la visite précédente. Vous allez expliquer comment vous vous sentez, raconter vos petits inconforts afin de recueillir les conseils idoines. Un petit point sur l'évolution de votre prise de poids, qui est parfois un peu plus importante : la croissance de l'utérus a souvent fait un bon assez rapide... Vous sentez désormais bébé bouger beaucoup, et votre conjoint commence peut-être lui aussi à percevoir des petits mouvements lorsqu'il lui arrive de laisser sa main posée sur votre ventre. Prenez le temps de vous prélasser dans ces émotions uniques...
L'examen veille à la surveillance de votre état général, à l'adaptation de tout votre être à l'état de grossesse, ainsi qu'à la bonne vitalité et croissance de votre enfant. De nouveau, votre praticien vous prescrira le prélèvement de sérologie de la toxoplasmose si vous n'êtes pas immunisée, ainsi que l'analyse d'urine. Si vous êtes de rhésus négatif, votre surveillance sera fonction du choix du protocole : soit une prise de sang mensuelle des RAI (voir page 59), soit une injection d'immunoglobulines (Rophylac®) au sixième mois. Vous êtes immunisée contre la toxoplasmose et de rhésus positif ? Profitez-en, le mois prochain vous aurez droit à votre bilan sanguin, comme les copines !

2 La deuxième échographie

Cet examen est appelé « échographie morphologique ». En effet, c'est à ce terme que va être réalisée l'étude détaillée de la morphologie de votre bébé. Il s'agit d'un temps fort du dépistage d'éventuelles malformations. L'échographiste va visualiser chaque élément du fœtus, du cerveau aux orteils en passant par les oreilles, les reins, le cœur... Chaque partie est détaillée. Mais attention, même si peu de malformations échappent au dépistage, toutes ne peuvent pas être découvertes à l'échographie. Vous entendrez à un moment un son sourd de circulation sanguine : cela s'appelle le « doppler ». Il s'agit à ce terme de la mesure du flux sanguin dans vos artères utérines, qui est un indicateur de la bonne circulation de votre sang vers votre enfant.

ma to-do list

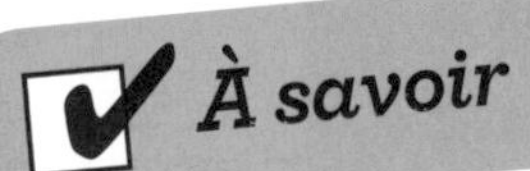

Pour la réalisation de cette échographie (comptez près d'une heure en général), il faut de la concentration à l'échographiste. Évitez donc d'amener votre aîné en bas âge qui s'ennuiera et gênera souvent l'examen ; si votre conjoint doit sortir pour l'occuper, il se privera de ce moment partagé avec vous. Si l'échographiste fait des mimiques, fronce les sourcils, pas de panique ! C'est qu'il est concentré et que parfois certaines images sont difficiles à obtenir, surtout si bébé bouge ; il vous expliquera de toute façon les images au fur et à mesure.

les 5 parades
aux petits maux

Conseil de pro

Si ces démangeaisons s'amplifient, que vous avez besoin de vous gratter sans cesse autour du nombril sans parvenir à vous apaiser, il est nécessaire d'en parler au praticien qui vous suit. Il peut s'agir d'une pathologie hépatique spécifique de la grossesse appelée « cholestase gravidique ». Son diagnostic se confirme par une prise de sang qui explore les fonctions de votre foie. Si cette complication est avérée, elle entraîne un traitement médicamenteux et un suivi médical rapproché jusqu'à la fin de la grossesse.

Votre utérus augmente de volume, votre enfant prend de plus en plus de place, entraînant des réactions corporelles. Voici quelques explications pour vous permettre de mieux vous protéger de leurs désagréments.

1 Les fuites urinaires

Sous l'effet conjoint du ramollissement musculaire et de la pression du bébé, il est possible que des fuites urinaires apparaissent. C'est très désagréable...
En toussant, en riant, en montant des marches, ces petits accidents sont appelés « fuites urinaires à l'effort ». Parlez-en à votre sage-femme, elle pourra vous montrer quelques exercices de consolidation des muscles du périnée distendus. Il peut s'avérer nécessaire d'entreprendre une rééducation du périnée adaptée pendant la grossesse : cela évitera l'aggravation des fuites, qui ont peu de chance de régresser spontanément avant l'accouchement. Il faudra, quoi qu'il en soit, entreprendre une rééducation périnéale soigneuse après l'accouchement, et cela quel que soit le mode d'accouchement.

2 Les vergetures

Ce sont des lignes violacées qui peuvent apparaître sur le ventre ou les seins. La peau, distendue par l'augmentation de volume, « craque ». Leur apparition dépend beaucoup de la robustesse et de l'élasticité du tissu cutané. La prévention semble assez efficace, bien que non garantie... Pour mettre toutes les chances de votre côté, il faut éviter une prise de poids trop importante et trop rapide qui accentuerait la distension de la peau au niveau du ventre, des seins, des cuisses et des fesses. Une alimentation bien équilibrée assure en grande partie la souplesse des tissus. Vous pouvez également appliquer chaque jour une crème hydratante et nourrissante (mais sans colorants ni parfum) sur les zones à risques.

3 Les démangeaisons du ventre

Quand le ventre démange, il s'agit généralement d'un étirement de la peau sous l'effet de la croissance de l'utérus. Appliquez une crème sur la peau pour la nourrir et lui donner de l'élasticité.

4 Les taches brunes et la ligne médiane

La pigmentation de la peau réserve des surprises pendant la grossesse : sur le ventre, vous pourrez voir apparaître une étrange ligne pigmentée qui sépare le ventre en deux hémisphères. Cette ligne disparaîtra au cours des mois suivant l'accouchement. De même, des taches brunes de pigmentation marqueront peut-être votre visage. Évitez trop d'exposition au soleil afin de ne pas provoquer leur apparition, et préservez toujours votre peau par de la crème solaire à haute protection en cas de vie au grand air. Attention à la crème utilisée, soyez toujours vigilante sur sa composition.

5 Les saignements de nez et gingivites

Comme je vous l'ai expliqué dans l'évocation des saignements du début de grossesse, une tuméfaction des muqueuses crée des saignements fréquents. Ne vous en inquiétez pas, mais soyez peut-être prudente pour le brossage de vos dents, utilisez une brosse souple et de bonne qualité. Ne négligez jamais ce brossage, l'hygiène de vos dents et de vos gencives est primordiale. N'oubliez jamais que cette zone est l'une des principales portes d'entrée des infections dans le corps.

☑ ***ma*** to-do list

les 2 parades aux problèmes digestifs

Emma,
42 ans

“Connaissez-vous cette croyance tenace ? Une lointaine grand-tante vous l’affirmera bientôt : si vous avez des brûlures d’estomac, votre bébé aura beaucoup de cheveux à la naissance... Dans mon cas, ça s’est avéré !”

Le système digestif est décidément chamboulé pendant la grossesse. Entre l’action des hormones et les modifications mécaniques dues à la croissance de l’utérus, quel bazar ! Si vous comprenez mieux ce qui se passe en vous, vous verrez, vous trouverez facilement la parade à ces petits soucis. Voici quelques petits « trucs » pour vous aider.

1 Les brûlures d’estomac

Toutes les fibres musculaires et ligamentaires se relâchent naturellement au cours de la grossesse. Aucune zone n’est épargnée. Ainsi, le clapet de fermeture du haut de l’estomac laisse-t-il échapper des sucs gastriques, terriblement corrosifs pour la muqueuse de l’œsophage : ça brûle. Plus tardivement, sous la pression de l’utérus qui grossit, les remontées acides risquent d’être de plus en plus fréquentes...
Il faut déjà commencer par limiter les risques mécaniques : évitez de trop vous remplir l’estomac, mangez moins, mais plus souvent. Et soyez attentive à votre régime alimentaire ; chacune d’entre nous est sensible à des aliments particuliers. Il ne faut surtout pas vous coucher juste après le repas. Idéalement, une petite promenade digestive évitera la plupart des remontées. Si ce n’est pas possible (je reconnais qu’au mois de novembre, ce n’est pas très attirant), évitez absolument le canapé moelleux... Vous y serez tassée, position très inconfortable pour la digestion.
Quand vous sentez la sensation douloureuse arriver, buvez un verre d’eau, il assurera le rinçage de l’œsophage et limitera la brûlure. Une gorgée d’eau argileuse (argile verte en poudre qu’on laisse reposer dans un verre d’eau) est un bon calmant, ainsi que le bicarbonate de sodium, à la dose d’une cuillerée à café dans un verre d’eau.
Le jus de pomme de terre est un pansement gastrique

réputé (1 cuillerée à café avant le repas). Il existe en ampoules. Attention, consommé frais, il s'oxyde en 30 minutes.
Le traitement allopathique classique, à prendre dès que ça brûle, est très efficace. Vous trouverez parmi les prescriptions classiques les gels à base d'aluminium, de bicarbonate de sodium, de sels de magnésium (Phosphalugel®, Maalox®, Gaviscon®, Moxydar®, Polysilane®...). Attention à espacer la prise d'éventuels autres médicaments dont l'absorption peut être diminuée par ces antiacides.
L'homéopathie trouvera là encore ses indications, avec des remèdes tels que *Capsicum annuum*, *Arsenicum album*, ou *Calcarea carbonica*.

2 La constipation

Bien que d'apparition généralement plus tardive, la constipation peut se manifester de façon précoce.
La progestérone, qui ralentit tout le travail musculaire, intervient naturellement sur le transit.
De nouveau, la première attitude sera d'adapter vos habitudes : des aliments plus riches en fibres (pensez aux fruits crus), une bonne hydratation qui limitera la dureté des selles (de l'eau, des tisanes), et des exercices physiques qui stimulent le transit intestinal. Marchez dès que vous le pouvez, nagez, préférez les escaliers à l'ascenseur. Des exercices d'étirement avec mobilisation du bassin sont très efficaces : à quatre pattes, posée sur vos avant-bras, imaginez que vous repeignez la pièce grâce à un pinceau imaginaire qui serait dans le prolongement de votre sacrum.
Si la saison le permet, un kiwi à jeun le matin est souvent un remède efficace... et sans effets secondaires !
Le chlorure de magnésium est l'une des solutions les plus rapides, si on supporte son goût assez détestable... Vous en diluez un sachet de 20 g acheté en pharmacie ou 20 g de nigari (produit naturel disponible en coop bio) dans 1,5 litre d'eau. Buvez 1 verre par jour, voire 2 selon votre transit. Par cure dans les moments de transit ralenti (vous finissez la bouteille préparée), le résultat est garanti.
Le recours à l'homéopathie reste une valeur sûre, avec des remèdes comme *Nux vomica*, *Bryonia* ou *Lycopodium*. Toujours pas de recette, la prescription homéopathique est un art difficile !
Si la constipation entraîne une fissure anale qui saignote et irrite, *Nitricum acidum* 9CH (5 granules) peut toutefois faire des miracles...

☑ *ma* to-do list

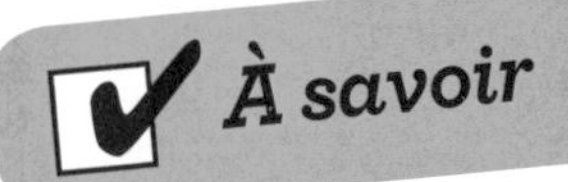

Une posture simple, adoptée pendant 20 minutes, empêchera l'inconfort des brûlures d'estomac : votre conjoint s'assied sur le canapé, dos droit et genoux écartés. Asseyez-vous sur le sol (un coussin est autorisé !) entre ses jambes, en prenant appui sur ses cuisses avec vos aisselles. Votre dos est étiré, droit, l'estomac a de la place. De plus, remarquez-le, vous respirez plus aisément.

les 5 parades
aux problèmes de circulation sanguine

Conseil de pro

Attention, l'apparition massive d'œdèmes provoquant une brusque augmentation de votre poids, d'autant plus si elle est accompagnée de douleurs de tête, de bourdonnements d'oreille et de mouches devant les yeux doit impérativement vous amener à consulter : il peut s'agir d'un syndrome appelé « pré-éclampsie », en lien avec une hypertension artérielle et un taux de protéines urinaires élevé. Il faudrait alors établir une surveillance médicale attentive.

La grossesse progresse, le volume du bébé est de plus en plus important, augmentant la compression dans le petit bassin. Les petites gênes circulatoires observées dès les premières semaines vont peut-être évoluer vers de nouveaux symptômes. Il faut redoubler d'attention et soigner vos postures et votre hygiène de vie, afin de ne pas trop en souffrir.

1 Les œdèmes

Les œdèmes, si vous n'y prenez pas garde, risquent de prendre de l'importance, en particulier au niveau des membres inférieurs. N'hésitez pas à surélever les pieds de votre lit avec des annuaires, vous en sentirez très vite le bénéfice.

2 Les hémorroïdes

Une hémorroïde est une varice située au niveau de l'anus, à l'intérieur ou à l'extérieur. Le principe d'apparition est le même que celui des varices situées à un autre endroit du corps, ce qui explique que la période de la grossesse favorise leur survenue. Pour peu que vous soyez constipée, vous augmentez encore les risques d'en souffrir par la pression que vous exercez pour aller à la selle.
Il convient tout d'abord d'éviter tout ce qui peut amplifier le phénomène : soigner la constipation, éviter les bains chauds, ajuster votre alimentation. Ensuite, vous pourrez vous soulager par des suppositoires, crèmes, préparations pharmaceutiques, glace en application locale, puis

favoriser la circulation et le tonus des parois veineuses grâce à l'acupuncture et l'homéopathie. À noter des composés homéopathiques efficaces comme *Aesculus composé* en pommade, ou *Hammamelis composé* à la posologie de 20 gouttes 2 fois par jour.

3 Les varices vulvaires

Il peut se produire qu'une sensation très gênante apparaisse au niveau de la vulve. Au toucher, on ressent une masse sur un des côtés (ou les deux), au niveau des lèvres. Il s'agit d'une varice vulvaire. Dans le doute, le diagnostic est simple : après une nuit de repos allongé, les symptômes ont régressé spontanément. La station debout crée en revanche très rapidement un gonflement. La pression induite par le bébé dans le petit bassin est un facteur déclenchant important. Ces varices disparaissent toujours après l'accouchement, contrairement aux varices présentes sur les jambes qui persistent parfois. Compression, acupuncture et homéopathie vous aideront à faire régresser ces varices rendues parfois douloureuses par leur emplacement.

4 Les impatiences

Il s'agit d'une sensation agaçante dans les jambes : on a besoin de bouger en permanence, on ne parvient pas à s'endormir... Le traitement par le magnésium (voir « Crampes » page 49) peut être efficace, mais ce qui marche en général le mieux, c'est le remède homéopathique *Zincum* en 9CH à raison de 5 granules au coucher.

5 L'engourdissement de la main

Conséquence d'un œdème, il correspond à la compression d'un nerf au niveau du poignet : ce syndrome s'appelle le « syndrome du canal carpien » et est responsable de fourmillements, de perte de force et de précision dans le geste de préhension. Pas de solution miracle, à part essayer de faire régresser l'œdème par la position « bras en l'air », les massages, les drainages, l'homéopathie et l'acupuncture.

☑ **ma** to-do list

les 5 activités amies de la femme enceinte

Conseil de pro

Pour les « espaces détente » que l'on trouve dans beaucoup de centres aquatiques, soyez prudente : le sauna, trop chaud, est contre-indiqué. Vous pouvez aller au hammam si cette pratique vous est familière, à condition de ne pas souffrir de problèmes circulatoires. De nouveau, soyez extrêmement prudente et réglez votre attitude sur votre sensation de bien-être.

Pendant la grossesse, il est important d'avoir une activité physique, mais tout est question de mesure ! Le corps change, les ligaments se distendent. Veillez bien surtout à ne pas vous faire mal : les chocs sont à éviter ABSOLUMENT afin de ne pas risquer, entre autres, un décollement du placenta. Certaines activités sont particulièrement bénéfiques pour les femmes enceintes, toujours à condition de respecter les règles de prudence.

1 La natation

Une valeur sûre. Les mouvements sont doux et décomposés, le travail de respiration est important et le corps est plus léger dans l'eau ! Vous pouvez soit faire une préparation à la naissance et à la parentalité en piscine avec une sage-femme, soit pratiquer de l'aquagym pour femmes enceintes (beaucoup de piscines en proposent, et bien souvent il n'est pas nécessaire de savoir nager). Vous pouvez aussi tout simplement aller à la piscine, en évitant soigneusement les horaires d'affluence afin de ne pas courir le risque de heurter un nageur ou un plongeur peu attentif.

2 La marche

C'est une très bonne activité. Là encore, adaptez votre rythme et votre respiration au fur et à mesure de l'avancée du terme de la grossesse. Chaussez-vous bien : les articulations sont plus relâchées et le risque de vous tordre les chevilles est plus grand. L'augmentation de votre poids et la cambrure de votre dos vous obligeront à quelques étirements en fin de promenade : à quatre pattes, faites le dos rond du chat en expirant.

3 Le taï chi, le qi gong

Ces activités tout en douceur vous seront d'une très grande utilité pour entretenir et améliorer la souplesse de vos articulations et vous aider à poursuivre sans risque une activité musculaire. Vous accompagnerez les mutations rapides et importantes de votre corps, vous apprendrez à percevoir les bons mouvements, à détendre les zones contractées, à faire circuler les énergies et à respirer. Que demander de plus ?

4 Le yoga

Toujours parfait pour travailler la respiration et prendre conscience des modifications de votre corps. Parfait aussi pour le travail autour du bassin et du périnée en préparation à l'accouchement. Il faudra respecter votre corps et ne faire que les mouvements qui vous parlent. À pratiquer le plus tôt possible !

5 Le pilates et le feldenkrais

Le pilates, principalement recommandé après l'accouchement, est une méthode d'entraînement physique qui s'inspire du yoga, de la danse et de la gymnastique, et qui peut être également pratiquée pendant la grossesse. Il permet un travail de tous les groupes musculaires par l'utilisation de jeux de résistances obtenus au moyen d'appareils munis de plateaux coulissants. Les zones musculaires abdominales, fessières et pelvienne sont au centre de ce travail, qui porte aussi sur la correction de la posture et la respiration.
La méthode Feldenkrais se concentre quant à elle sur la mobilité entre les différents segments du corps par un travail sans force, en douceur, ayant pour principal objectif de permettre à chacun de trouver sa posture, son mouvement. Elle aborde le mouvement différemment en favorisant la sensorialité, l'écoute du corps. Une méthode de choix pendant la grossesse.

☑ *ma* to-do list

✔ 3 règles d'or

1. Ne jamais forcer un mouvement.
2. Proscrire toute activité entraînant un risque de chute ou de choc.
3. Arrêter si l'on ne ressent pas de bien-être.

les 4 précautions
à prendre en voyage

Raphaële,
30 ans

“Alors que j'en étais à tout juste 7 mois de grossesse, j'avais prévu de me rendre à un mariage en avion. Je suis arrivée sereine au comptoir d'enregistrement, sachant que je n'avais pas dépassé la « date limite ». Pourtant, ce que je n'avais pas vu – parce qu'écrit en tout petit dans les consignes –, c'est qu'il me fallait un certificat médical... J'ai bien failli louper cet avion !”

Les voyages sont possibles pendant la grossesse, moyennant quelques précautions, relatives à l'activité, à l'hygiène alimentaire et aux moyens de transport.
Il est évident qu'un safari en 4x4 au fin fond de l'Afrique à 6 mois de grossesse n'est pas vraiment recommandé... Un peu de bon sens et beaucoup de prudence devraient permettre de vous guider.

1 Le moyen de transport

Le plus sûr moyen d'avoir des problèmes est de faire un long trajet en voiture. Les petites vibrations de la route et du moteur provoquent très facilement des contractions utérines. C'est avant tout désagréable, mais ça peut aussi être dangereux si ces contractions trop nombreuses et régulières entraînent une modification du col de l'utérus. Bien entendu, il s'agit à nouveau de bon sens et de ressenti. Si vous avez un long trajet à accomplir et que vous êtes en état de le faire, préférez systématiquement le train, qui ne présente pas les mêmes inconvénients. Vous serez mieux installée et vous pourrez bouger. Si le train n'est pas accessible, faites des étapes, prenez du temps, et surtout prévoyez de vous reposer à l'arrivée : chaise longue obligatoire ! Il est de toute façon intéressant d'en discuter avec votre sage-femme ou votre médecin avant le départ, elle (il) vous donnera les conseils idoines.
L'avion ne pose pas de problème particulier, si ce n'est que vous serez interdite de vol à partir d'un certain terme : septième ou huitième mois selon les compagnies.
Assurez-vous bien que vous pourrez rentrer chez vous à temps...

2 Les destinations

La grossesse n'est pas le meilleur moment de la vie pour partir à la découverte d'un pays lointain dont vous ne connaissez pas bien les habitudes alimentaires, le niveau d'hygiène ou encore le système de soins. Certains vaccins sont contre-indiqués pendant la grossesse, comme celui contre la typhoïde ou la fièvre jaune, ainsi que certains traitements antipaludéens. Une forte fièvre est dangereuse pendant la grossesse, car elle comporte un risque non négligeable d'accouchement prématuré. Vous l'aurez compris, soyez très prudente, et soyez persuadée que les pays tropicaux ne représentent pas la destination de vacances de prédilection de la femme enceinte occidentale.

3 L'hygiène alimentaire

Les contaminations alimentaires sont dangereuses pendant la grossesse, pour vous, mais aussi pour votre bébé ; toxoplasme, salmonelle, listéria, toutes ces bébêtes sont vos pires ennemies. Faites donc très attention à ne manger que des aliments dont vous êtes certaine de la fraîcheur, et ne négligez pas les recommandations que je vous ai faites dans le chapitre correspondant. Si vous êtes dans un pays où l'eau du robinet n'est pas potable (c'est très fréquent), ne buvez que de l'eau en bouteille et ne prenez jamais de glaçons dans vos boissons : ils sont faits d'eau du robinet, principal vecteur d'intoxication et de contaminations diverses. On ne pense pas spontanément que le pauvre morceau de glace qui flotte dans votre verre puisse être si redoutable...

4 Les activités

En voyage comme à la maison, les activités pendant la grossesse doivent être adaptées et réfléchies. Pas d'exercice physique intense ou forcé, pas trop de déplacements en voiture, rien qui risque d'entraîner un choc.

☑ ***ma***
to-do list

le sixième mois

les 4 semaines du 6e mois

Parole
de sage-femme

“Le 6e mois débute, vous êtes désormais prise en charge par l’assurance maternité. Pensez à mettre à jour votre carte Vitale dans une borne prévue à cet effet, dans votre pharmacie, dans les locaux de la Caisse d’assurance maladie ou encore à l’hôpital.”

Vous êtes enceinte de 5 mois, vous en êtes donc au 6e mois de grossesse.

1 23e semaine de grossesse, 25e semaine d’aménorrhée

Petit à petit, bébé se peaufine. Ses yeux sont encore clos par des paupières fixes, mais il est très sensible à vos stimulations tactiles et auditives. Parfois, il vient se glisser sous la paume de votre main ou de celle de son papa. Plus vous l’appellerez, plus il répondra.
À ce terme, l’ivoire des futures dents de lait commence à se fabriquer et, chez les garçons, les cellules testiculaires sécrétrices de la testostérone se multiplient activement. Dans le cerveau, les cellules nerveuses débutent leur maturation : elles se prolongent, se connectent entre elles et commencent ainsi à assurer la transmission des messages par les influx nerveux.

▶ **Les mensurations de votre bébé :**
il mesure 28 cm et pèse 560 g. Le diamètre de sa tête fait 6,4 cm.

2 24e semaine de grossesse, 26e semaine d’aménorrhée

C’est le début de la préparation à affronter le froid de l’extérieur ! Une (encore mince) couche de graisse commence à être présente sous la peau...
Bientôt les bourrelets !
Bébé dort, bouge, bouge, et... dort, même si parfois vous avez l’impression qu’il ne dort jamais ! Certains enfants sont en effet très actifs, d’autres moins, et cela n’a pas de rapport avec son état de santé. Il peut être calme et très en forme, mais quoi qu’il en soit, vous le sentez bien tous les jours.

▶ **Les mensurations de votre bébé :**
il mesure 30 cm et pèse 650 g. Le diamètre de sa tête fait 6,7 cm.

3 25e semaine de grossesse, 27e semaine d'aménorrhée

Durant cette semaine, les processus engagés se poursuivent, se peaufinent. La couche de graisse s'épaissit, la peau s'enrichit de tissus conjonctif et les connexions nerveuses s'accélèrent. Bien qu'encore très immature, un enfant accidentellement né à ce terme très précoce et pris en charge par une réanimation néonatale peut vivre et grandir... mais au prix d'une longue et parfois périlleuse hospitalisation. Il est « viable » mais a besoin d'encore beaucoup de maturation pour être autonome.

Les mensurations de votre bébé : il mesure 32 cm et pèse 750 g. Le diamètre de sa tête fait 7 cm.

4 26e semaine de grossesse, 28e semaine d'aménorrhée

Après l'ivoire, c'est maintenant l'émail qui est fabriqué, recouvrant les futures dents de lait. Côté pulmonaire, votre bébé fait maintenant des mouvements respiratoires plus coordonnés et plus amples, qui permettent une circulation intense de liquide amniotique. Les petits canaux appelés « bronchioles » sont ainsi entraînés à la dilatation.

Les mensurations de votre bébé : Il mesure maintenant 33 cm et pèse 870 g. Le diamètre de sa tête fait 7,2 cm.

☑ *ma* to-do list

les 2 rendez-vous avec votre bébé

Marie, 29 ans

“Lors de mes trois grossesses, je suis passée par le «test du glucose», et ingurgiter une telle quantité de sucre le matin, à jeun, c'est plutôt désagréable... Heureusement, pour la troisième, le laborantin m'a gentiment donné une astuce : le citron. Il ne change en rien les résultats de l'analyse et donne un bon petit goût de limonade à la préparation.”

Ce sixième mois, vous aurez une visite médicale obligatoire, comme chaque mois. La différence est que l'on vous fera systématiquement une prise de sang, même si vous êtes immunisée contre la toxoplasmose... Il faudra de plus, si vous ne l'avez pas encore fait, prendre contact avec une sage-femme pour débuter la préparation à la naissance et à la parentalité.

1 La visite du 6e mois

Il s'agit de la 4e consultation obligatoire de suivi de votre grossesse. Elle se déroulera selon le même modèle que les précédentes, et surtout, comme toujours, posez vos questions ! N'hésitez pas à les noter avant la visite pour ne rien omettre sur le moment.
Les examens complémentaires seront plus nombreux ce mois-ci : la prise de sang obligatoirement prescrite doit être faite avant la fin du sixième mois de grossesse. On retrouve la rituelle analyse d'urine (protéinurie et albuminurie), qui peut-être complétée ce mois-ci d'un examen cytobactériologique des urines (ECBU) à la recherche d'une éventuelle infection urinaire.
Si la carte de groupe sanguin n'a pas encore été complétée, il faudra le faire ce mois-ci.
Si vous présentez un facteur de risque de développer un diabète de grossesse, vous devrez faire un test glycémique appelé « hyperglycémie » provoqué à jeun (HGPO). Ce test consiste en une prise de sang un matin à jeun, suivie de deux autres, respectivement une heure puis deux heures après avoir bu 75 grammes de sucre. Ce n'est pas agréable, mais ce test est le seul moyen de dépister cette pathologie qui nécessite absolument une prise en charge.

2 La préparation à la naissance et à la parentalité

Pensez-y ! Si ce n'est déjà fait, prenez contact avec la sage-femme de votre choix pour débuter ces séances. Comme nous l'avons vu précédemment, de nombreuses propositions existent. Prenez conseil, discutez, renseignez-vous, il y a forcément un mode de préparation qui est fait pour vous. Certaines patientes me disent l'avoir autant appréciée pour leur deuxième ou troisième enfant, s'autorisant ainsi un moment « perso », un temps rien que pour elles et le bébé dans un emploi du temps chargé. En général, on adapte un peu les séances, en faisant plus d'exercices d'assouplissement ou de relaxation. Certains couples veulent participer ensemble à toutes les séances, c'est tout à fait possible ! Il faut surtout bien exprimer vos désirs à la sage-femme qui vous guidera au mieux pour y répondre.

☑ *ma* to-do list

✔ À savoir

Les abréviations des examens sanguins, vous en connaissez déjà quelques-unes : NFS-pq, RAI, Gr Rh (*cf.* pages 58-59). Vous en verrez cette fois apparaître une nouvelle : Ag HBS. Il s'agit de la recherche de l'hépatite B, qui est obligatoire à ce terme, même si vous êtes vaccinée. Il est en effet primordial de dépister la présence éventuelle de cet agent infectieux, qui entraînerait une prise en charge précoce du nouveau-né (dans les toutes premières heures de vie) afin de limiter les risques de contamination.

les 3 questions
sur les contractions utérines

Parole
de sage-femme

"On ne doit pas se laisser guider par la seule notion de douleur. Souvent, les femmes me disent que leur ventre durcit régulièrement au cours de la journée, mais ne font pas le rapprochement avec la contraction car, me disent-elles, « ça ne fait pas mal ». La confusion est aisée en raison de l'association courante entre douleur et contraction : sachez bien qu'elles peuvent parfaitement être dissociées."

Peut-être avez-vous remarqué cette question récurrente, « avez-vous des contractions ? »... À chaque consultation, vous y avez droit ! On se sent un peu déroutée quand on n'a aucune idée de ce que ça fait, une contraction. Je vais essayer de vous aider à repérer si vous en avez effectivement sans le savoir.

1 Comment les reconnaître ?

Il s'agit, comme son nom l'indique, d'une contraction musculaire. Lorsque l'utérus se contracte, le ventre est dur au toucher. Le diagnostic ne va pas de soi. En effet, si le bébé est placé d'un côté, le ventre sera dur à cet endroit, mais pas de l'autre. Lors de la contraction, en revanche, le ventre est dur partout, où que vous posiez vos mains. C'est le seul signe objectif permettant de la reconnaître. Se fier à la sensation n'est dans l'absolu pas une bonne chose, car celle-ci vous est personnelle, et nul ne saurait affirmer avec certitude ce que devrait être votre ressenti. Certaines femmes décrivent des sensations dans le bas du ventre identiques à des douleurs de règles, alors que d'autres n'éprouveront qu'une gêne dans la région lombaire, voire dans l'intérieur des cuisses... Quelques-unes évoqueront une crampe de tout le ventre, quand d'autres parleront d'un étau se resserrant au niveau du nombril. Vous verrez : le moment venu, vous décrirez avec vos propres mots ce qu'est une contraction. Quand vous serez proche du terme de la naissance, retenez bien que si vous ressentez de façon rythmique une sensation nouvelle et que votre ventre est dur comme du caillou sur toute sa surface, vous ne risquez guère de vous fourvoyer...

2 Est-ce normal d'en avoir ?

L'utérus est un muscle. Il est en pleine expansion pendant la grossesse, passant, on a peine à le croire, de 5 cm à 33 cm de hauteur en 9 mois... Fabuleux. L'enfant grandit lui aussi, suivant – voire précédant – la croissance musculaire. Tendu, sollicité par les mouvements actifs du bébé, l'utérus va se contracter de temps en temps, avec des périodes plus marquées que d'autres. Certaines femmes ressentent intensément ces contractions au cours de la grossesse. D'autres ne les sentent jamais, soit parce qu'elles ne les ont pas identifiées, soit parce que leur sensibilité est moindre. On considère, un peu arbitrairement, que l'activité normale du muscle utérin se situe autour de dix contractions par jour. Pour quelques femmes dont l'utérus particulièrement tendu manque d'élasticité, il peut arriver que les contractions serrent le ventre quasiment à chaque mouvement... C'est très pénible physiquement, mais aussi psychologiquement, car ces alertes permanentes finissent par générer du stress et la crainte d'un déclenchement prématuré du travail d'accouchement, même si cette complication relève généralement d'un autre processus.

3 Quand dois-je trouver cela inquiétant ?

L'expérience m'a montré que le nombre de contractions quotidiennes est un mauvais indicateur. J'ai plutôt tendance à dire que tout changement de sensation, toute inquiétude liée à ce ventre qui durcit excessivement ou de façon inhabituelle doit vous amener à consulter. Une fois encore, tout en évitant de rester sans cesse sur le qui-vive, soyez à l'écoute des signaux de votre corps. Restez attentive à vos sensations et aux alertes éventuelles qu'elles vous lancent.
Avant 36 SA et devant une série de contractions utérines qui ne se calment pas du tout au repos, voire qui s'intensifient, il faut consulter, ou même, si votre sage-femme ou votre médecin n'est pas joignable, vous rendre à la maternité pour vérifier que l'accouchement ne débute pas prématurément.

☑ *ma* to-do list

____

____

____

____

____

____

____

____

____

____

____

____

____

____

____

____

____

____

les 4 mouvements pour soulager le dos

Conseil de pro

Pour bien commencer la journée, au saut du lit, massez-vous les pieds pour réveiller vos sensations. Pour cela, posez une balle de tennis au sol et mettez-vous debout. Commencez par faire rouler la balle sous un pied, en n'oubliant aucune zone de la plante du pied. Prenez bien le temps de passer sur toutes les zones, en vous attardant sur les endroits sensibles en respirant profondément. Quand vous pensez avoir réveillé toute la plante du pied et les orteils, reposez votre pied au sol et prenez le temps de ressentir la différence entre les deux appuis. Enchaînez avec l'autre pied.

Ah, le dos... Cette zone du corps est souvent source de tensions ou de douleurs. La croissance de l'enfant force à accentuer la cambrure, créant « en chaîne » des tensions et des contractures tout au long du dos. La région dorsale (au niveau de l'attache du soutien-gorge) et la région des cervicales sont particulièrement touchées. Voici quelques exercices pour assouplir et détendre ces zones sensibles.

1 Le bas du dos (zone lombaire)

Allongée sur le dos, genoux fléchis. Placez les mains sous les genoux et attirez-les vers votre poitrine.
Ouvrez bien les genoux de part et d'autre du ventre pour laisser la place à bébé.
Massez doucement la région lombaire en vous berçant lentement de droite à gauche.
Puis, sur l'expiration, tout en gardant les coudes pointés vers l'extérieur, ramenez les genoux vers la poitrine.
Le bas de la colonne s'enroule légèrement. Cherchez aussi dans ce mouvement une forme de doux balancement.
Reposez tout d'abord un pied au sol, puis l'autre, tout en veillant à conserver l'allongement du bas du dos.

2 Le milieu du dos (zone dorsale)

Allongée sur le dos, jambes fléchies, croisez vos bras sur la poitrine tout en cherchant à attraper vos omoplates. Sur l'expiration, tirez votre coude droit vers l'extérieur de façon à ouvrir en écartant les omoplates l'une de l'autre. Relâchez puis faites le même mouvement avec la main gauche.

3 Le haut du dos (zone cervicale)

Allongée sur le dos, jambes fléchies, croisez vos doigts sous la nuque à la base du crâne, coudes pointés vers l'extérieur. Sur l'expiration, ramenez les coudes l'un vers l'autre dans un mouvement de cercle, puis tirez-les vers les genoux. La tête et le sternum restent détendus et sont entraînés dans un léger enroulement des vertèbres cervicales. Reposez doucement la tête au sol, respirez et reprenez le mouvement autant de fois que vous le souhaitez.

4 La juste posture debout pour vous préserver

Placez vos pieds à plat sur le sol, parallèles et écartés de la largeur des hanches.
Les articulations des genoux sont libres, déverrouillées, c'est-à-dire ni trop pliées ni bloquées en extension.
Faites des petites bascules de bassin en avant et en arrière pour vérifier la détente de l'articulation des hanches, puis relâchez et laissez le sacrum se placer.
Allongez la colonne vers le haut, en abaissant légèrement le menton et en allongeant la nuque comme si on vous tirait le haut de la tête vers le ciel, telle une marionnette à fil.
Les épaules sont basses et ouvertes, légèrement tirées vers l'arrière.

ma to-do list

Inspirez-vous de la posture naturelle des tout jeunes enfants : assis, ils sont installés sur les ischions, ces petits os que l'on sent sous les fesses, leur dos est étiré et non tassé.

les 3 exercices pour prendre conscience de votre périnée

Parole
de sage-femme

“Vous avez dû entendre parler du fameux exercice « stop pipi »... Il s'agit de débuter une miction et de l'arrêter brusquement en serrant le sphincter de l'urètre. Il est intéressant pour ressentir la contraction de cette zone du périnée et tester la qualité de contraction du sphincter, mais il ne doit en aucun cas être utilisé à chaque miction. La vessie risquerait de dérégler sa commande synchronisée avec le sphincter, ce qui créerait une anomalie appelée instabilité vésicale, qui induit des symptômes d'envies fréquentes voire de fuites urinaires.”

Le périnée est un ensemble musculaire très important chez nous les femmes. La grossesse est un bon moment pour faire connaissance avec cette partie du corps. Voici quelques exercices pour mieux le situer.

1 Situez le bassin osseux dans lequel s'insèrent les muscles du périnée

Pour localiser les limites de votre bassin, vous allez voir, c'est simple. Repérez d'abord la limite haute du bassin : ce sont les os que vous palpez juste sous votre taille, de chaque côté, ils se nomment les os iliaques.
Le pubis est l'os que vous sentez en avant au-dessus de votre vulve.
En arrière, le sacrum est l'os qui termine la colonne vertébrale, et le coccyx, sa pointe, est juste au-dessus de l'anus.
Repérez à présent les ischions en vous asseyant sur vos mains et en déplaçant le poids du corps d'une main sur l'autre : ce sont les os qui font mal quand on fait du vélo...
En partant de cette zone osseuse, rejoignez le pubis vers l'avant : vous suivez ainsi les branches ischio-pubiennes.
Ce volume ainsi délimité contient le périnée, qui s'insère tout autour, sur l'intérieur des os que vous avez suivis.

2 Repérez le périnée

Pour situer le périnée et ses différentes zones, vous pouvez tout d'abord faire comme si vous vous reteniez d'uriner : vous sentez un muscle qui se contracte, le vagin qui se ferme, et vous sentez une élévation. Relâchez, puis faites de même en essayant cette fois de retenir un gaz. Vous distinguez déjà deux zones distinctes et sentez la différence entre la contraction du muscle et sa détente.

3 Appréciez les différents états du périnée

Le périnée, nous l'avons vu, peut être contracté ou décontracté, mais il peut également être tendu ou détendu...
C'est tout à fait différent.
Pour prendre conscience de ces différents états, mettez-vous dans une position dans laquelle vous aurez le bassin surélevé, par exemple allongée avec un gros coussin sous les fesses. Sentez alors comme c'est différent : rien n'appuie sur le périnée, c'est très léger ! Essayez dans cette position de contracter le périnée comme nous l'avons décrit auparavant : c'est possible !
Vous avez donc senti les différents états des muscles périnéaux : contractés, relâchés, et tendus, détendus.
Pour accoucher, il faudra si possible que le périnée soit détendu et relâché.

☑ *ma* to-do list

____

____

____

____

____

____

____

____

____

____

____

____

____

____

____

____

____

____

____

____

____

les 5 méthodes
de préparation à la naissance

Marion, 29 ans

“Pour ma première grossesse, j’ai suivi une préparation dite « classique » avec une sage-femme libérale. J’avais un peu peur de m’ennuyer, car des « cours », c’est un peu rébarbatif ! J’y ai au contraire trouvé des réponses à toutes mes interrogations, j’ai pris confiance en moi pour l’accouchement, et en plus je me suis fait des copines... On alternait des séances de relaxation et d’exercices d’étirements et d’assouplissements. Enceinte du deuxième, j’y retourne avec joie !”

Il existe de nombreuses méthodes pour se préparer à la naissance de son enfant et au devenir parent. La préparation à la naissance et à la parentalité (PNP), selon le terme officiel, est prise en charge à 100 % par la Sécurité sociale à hauteur de huit séances réparties pendant la grossesse. Voici quelques exemples de ce que l’on peut vous proposer.

1 La préparation dite « classique »

Cette forme de préparation est proposée par de nombreuses sages-femmes. Après une première séance individuelle ou en couple, les suivantes peuvent être suivies en petits groupes (de 3 ou 6 femmes au maximum) ou individuellement. La sage-femme que vous aurez choisie vous informera sur la pratique proposée. Au cours de cette préparation, vous recevrez des informations sur le déroulement de la grossesse, discuterez avec les autres femmes et bénéficierez de moments de relaxation et d’exercices physiques adaptés à votre terme.
Ces échanges sont toujours très riches et le cadre proposé est propice à la prise de confiance en vous. Profitez-en !

2 La sophrologie

La sophrologie est définie par ses adeptes comme une science de la conscience. Elle a pour objectif de rendre la pensée positive, de la diriger vers la conscience afin qu’elle se répercute sur le psychisme. Le ressenti du corps dans une absence de jugement, la projection positive du vécu des modifications corporelles et de l’accouchement vous permettent d’apprendre à gérer, comprendre et accepter toutes ces étapes. Les séances commencent de préférence vers 4 ou 5 mois de grossesse et vous accompagnent jusqu’après la naissance.

3 Le chant prénatal

Cette préparation est toujours vécue comme un ravissement par les femmes qui la choisissent. Un temps tout doux, musical, amenant à une conscience du corps par la voix et la respiration. Ces exercices vous apportent énormément dans le domaine de la détente, du ressenti émotionnel, et vous mènent à un travail corporel tout à fait adapté à l'état de grossesse : recherche de la juste posture, de l'ancrage au sol, de la respiration abdominale et prise de conscience du périnée. Votre enfant en profite aussi : il reçoit le son de votre voix par les vibrations osseuses de votre corps... Inutile d'être chanteuse avertie, tout le monde peut y accéder.

4 La préparation en piscine

La préparation en piscine est très agréable, permettant la pratique d'exercices corporels dans un milieu où le corps est plus léger. Les mouvements sont doux, le travail musculaire se fait en profondeur. Le milieu aquatique permet de travailler sur la respiration et de faire des séances de relaxation particulièrement savoureuses quand l'eau est bien chaude. Ces séances sont accompagnées par une sage-femme et un maître-nageur, et il vous est en principe demandé de payer le droit d'entrée à la piscine. De nombreuses maternités, mais aussi certaines sages-femmes libérales, organisent leurs séances de préparation en groupe à la piscine municipale.

5 L'haptonomie

L'haptonomie se définit comme une science de l'affectivité. Le toucher sécurisant est à la base de cette méthode de préparation qui se pratique en couple dès 4 mois de grossesse. J'en parlerai peu, n'étant pas moi-même haptothérapeute et n'ayant donc pas la compétence pour détailler cette pratique. Pour avoir rencontré des couples ayant suivi une préparation par haptonomie, je ne peux que témoigner de leur satisfaction.

☑ ma to-do list

le septième mois

les 4 semaines du 7e mois

Damien, 34 ans

“ Adeline et moi, on a adoré ce moment de la grossesse... On a commencé sérieusement à préparer la chambre du bébé, à choisir toutes ses affaires. On le sentait bouger tout le temps, et il réagissait de plus en plus à mes caresses. Et comme on avait choisi de garder la surprise pour le sexe, quelle rigolade d'écouter les gens faire des paris...”

Vous êtes enceinte de 6 mois vous en êtes donc au 7e mois de grossesse.
Votre enfant est désormais capable, avec l'aide de la médecine de pointe, de survivre à une naissance prématurée. En effet, il possède tous les éléments de base pour permettre à la vie de s'épanouir, à condition qu'on lui permette de prendre force et maturité. Il faudra néanmoins encore plusieurs semaines de gestation pour qu'il soit capable d'autonomie dans sa respiration, sa commande nerveuse, la régulation de sa température et la capacité à s'alimenter.
De votre côté, il vous faut encore du temps pour être prête à la rencontre.

1 27e semaine de grossesse, 29e semaine d'aménorrhée

Ce qui marque avant tout ce début de 7e mois, c'est l'intensification de la maturation du cerveau. La myéline, substance isolante que nous avons évoquée au 6e mois, commence à entourer les nerfs dans le cerveau. Très imparfaite à la naissance, cette « myélinisation » sera très active au cours des trois premières années de votre enfant, permettant toutes les acquisitions tant motrices que psychologiques et sensorielles. Elle ne s'achèvera que vers l'âge de 20 ans.

Les mensurations de votre bébé : il mesure environ 34 cm et pèse 1 000 g, le diamètre de sa tête fait 7,5 cm.

2 28e semaine de grossesse, 30e semaine d'aménorrhée

Votre bébé grossit, la couche de graisse sous sa peau s'épaissit. Il poursuit l'ensemble des maturations nécessaires à sa vie extra-utérine future et exerce son goût grâce au liquide amniotique « assaisonné » selon votre alimentation.

Les mensurations de votre bébé : il mesure 35 cm et pèse 1 150 g, le diamètre de sa tête fait 7,8 cm.

3 29e semaine de grossesse, 31e semaine d'aménorrhée

C'est au cours de ce 7e mois que les paupières de votre enfant s'ouvrent. Il pourrait voir désormais, mais les stimulations font défaut... Des expériences d'illumination du ventre maternel ont toutefois apporté la preuve de la perception de la lumière chez le fœtus de ce terme : une forte lumière dirigée sur le ventre le pousse à mettre les mains devant ses yeux !

Les mensurations de votre bébé : il mesure 36 cm et pèse 1 300 g, le diamètre de sa tête fait 8 cm.

4 30e semaine de grossesse, 32e semaine d'aménorrhée

La migration des testicules chez le garçon se poursuit : quittant l'abdomen, ils ont fait une étape dans l'aine et arrivent en général à ce terme à leur emplacement définitif : dans les bourses. Chez la petite fille, les cellules sexuelles primitives exécutent leur première mutation et deviennent des « follicules de premier ordre ». Elles garderont cet état de maturité jusqu'à la révolution pubertaire.

La troisième échographie est déjà possible lors de cette semaine de grossesse.

Les mensurations de votre bébé : il mesure maintenant 37 cm et pèse 1 500 g, le diamètre de sa tête fait 8,2 cm.

☑ *ma* to-do list

les 2 rendez-vous avec votre bébé

Conseil de pro

Une petite précision, car j'ai souvent dû donner l'explication en consultation : on note parfois l'indication « notch » : il s'agit d'une légère résistance détectée grâce au doppler dans une artère (l'artère utérine au 5e mois et l'artère ombilicale au 7e mois). C'est le signe que la circulation est un peu gênée à un endroit (je simplifie à dessein), petite particularité qui pourra entraîner soit un contrôle ultérieur du doppler, soit une surveillance du bébé par monitoring en fin de grossesse, soit… rien du tout s'il est minime ! Votre échographiste vous le précisera en temps voulu.

Ce mois-ci, cinquième visite obligatoire et troisième échographie. Chouette ! Mais vous allez être un peu déçue : le bébé est maintenant moins visible, car sa croissance importante depuis le 5e mois oblige désormais à l'étudier de façon parcellaire.

1 La visite du 7e mois

Ce mois-ci, si tout se passe bien, on vous prescrira peu d'examens complémentaires. Outre la troisième échographie, l'examen systématique est l'analyse d'urines à la recherche d'albumine et de glucose. Si vous n'êtes pas immunisée, la sérologie de toxoplasmose sera de rigueur, et si vous êtes de rhésus négatif, deux possibilités sont envisageables en fonction du protocole choisi par la personne qui vous suit : soit un contrôle des RAI par prise de sang (cf. page 59), soit une injection d'immunoglobuline anti-D en tout début de 7e mois, à 29 SA. Attention, dans cette seconde situation, le contrôle de vos RAI prescrit systématiquement au 9e mois sera positif, donc pas de panique à la réception des résultats !

La consultation se déroulera sur le même modèle que les précédentes ; votre sage-femme ou votre médecin sera particulièrement attentive à votre évocation d'éventuelles contractions utérines anormales, à des démangeaisons importantes au niveau du ventre ou encore à des maux de tête et à des œdèmes d'apparition récente. Signalez bien tout ce qui vous paraît changer dans votre perception.

Votre enfant a peut-être déjà la tête en bas, mais peut-être est-il encore en « siège », tête en haut. Il a encore le temps de se retourner…

2 La 3e échographie

Cette dernière échographie, systématiquement proposée, a pour objectif essentiel de déterminer si la croissance de votre enfant est harmonieuse. Pour ce faire, on a recours à plusieurs mesures :

- de la tête : « diamètre bipariétal » (BIP) et « périmètre céphalique » (PC) ;
- de l'abdomen : « diamètre abdominal transverse » (DAT) et « périmètre abdominal » (PA) ;
- de l'os de la cuisse : « longueur fémorale » (LF).

Ces mesures sont reportées sur une courbe à la suite de celles prises lors de la précédente échographie. On peut ainsi aisément constater si la courbe « s'envole » ou si au contraire elle se brise, ce qui témoignerait d'un défaut de croissance du bébé.

Lors de cette échographie, on observera certains éléments de morphologie qui n'auraient pas été suffisamment accessibles à la deuxième échographie. On vérifiera, bien entendu, si votre bébé s'est placé la tête en bas ou non. Cette observation, dite « présentation », sera, selon le cas, appelée « siège », « céphalique » ou « transverse ». Le placenta sera étudié avec attention : sa maturation, que vous trouverez indiquée sur le compte rendu sous le terme de « grade » ou « grannum » et qui est l'un des reflets de la qualité de son activité nourricière, ainsi que sa situation d'implantation que nous avions évoquée auparavant. Pour qu'il n'y ait pas de risque accru de saignements ou d'obstacle lors de l'accouchement, il doit être inséré loin du col de l'utérus ; le terme référencé est « non bas inséré ».
La quantité de liquide amniotique est aussi vérifiée : s'il n'y a pas de problème, on lit « abondance normale » sur le compte rendu. Comme lors de la précédente échographie, vous entendrez un bruit sourd de circulation sanguine : il s'agit de l'effet doppler, qui cette fois permet d'étudier la bonne circulation du sang dans le cordon ombilical.
Toujours valable : si vous ne souhaitez pas connaître le sexe de votre enfant, précisez-le à l'échographiste en début d'examen !

ma to-do list

Astuces

- Essayez de ressentir avec vos mains la position de votre bébé. Faites-vous guider dans cette découverte, vous verrez, c'est amusant de sentir sa tête en palpant votre ventre.
- La préparation à la naissance et à la parentalité : pensez-y, il est encore temps !

les 2 complications possibles de la grossesse

Parole
de sage-femme

“Vous restez la meilleure juge pour gérer votre quotidien ! Repérez les activités qui font contracter votre utérus et qui vous fatiguent, et ralentissez, voire supprimez-les. Plus que jamais vous devrez être à l’écoute des signaux de votre corps et les respecter. Tout ce qui peut être fait par quelqu’un d’autre doit l’être effectivement : ménage, courses, rangement. Vous éviterez surtout les déplacements en voiture qui stimulent les contractions, et ce sont justement les contractions qui font modifier le col...”

Certaines complications spécifiques peuvent apparaître en ce troisième trimestre de votre grossesse. Si tout s’est bien passé jusqu’ici et que vous ne présentez pas de facteur de risque particulier, il n’y a de raison que ça se complique, mais si d’aventure on détectait une pathologie à son début, il est bon de savoir de quoi il s’agit.

1 La menace d’accouchement prématuré (MAP)

Il s’agit de la modification du col de l’utérus à un terme trop précoce pour que l’enfant soit capable de s’adapter à la vie extra-utérine. Plus tôt elle se produit et plus elle présente de risques. C’est sans doute la complication la plus redoutée par le corps médical... Sachez toutefois que la vraie menace d’accouchement prématuré est rare. On vous alerte cependant très souvent si l’examen de votre col au toucher vaginal révèle un ramollissement ou un début d’ouverture. Votre sage-femme ou votre médecin vous conseillera alors de vous reposer un peu plus, vous donnera des conseils sur l’activité que vous pourrez conserver.
En cas de réelle menace d’accouchement prématuré imminent, vous serez immédiatement hospitalisée, et on vous posera une perfusion contenant un médicament qui bloque les contractions de l’utérus. Plusieurs jours seront nécessaires, car même si le produit agit rapidement, il faudra prendre le temps d’en diminuer le dosage puis lui substituer des comprimés pour empêcher une récidive. Attention ! Un col utérin ouvert ne se referme pas ! Il vous faudra donc être attentive à votre repos jusqu’au moment où vous pourrez donner naissance à un enfant

suffisamment mûr. Dans le cas d'une hospitalisation, donc d'une réelle MAP, vous recevrez deux injections intramusculaires d'un produit de la famille des corticoïdes : ce médicament, qui permet l'accélération du processus de maturation des poumons de votre bébé, l'aidera à s'adapter à sa nouvelle vie si toutefois le traitement s'avérait inefficace et que vous deviez accoucher prématurément.

2 Le diabète gestationnel

Il s'agit – nous l'avons déjà évoqué –, d'une perturbation de la régulation du sucre dans votre sang, liée à votre état de grossesse. Si vous en êtes atteinte, vous devrez être suivie conjointement par un diabétologue et un gynécologue obstétricien, en principe membre de l'équipe de la maternité où vous avez choisi d'accoucher. Une fois la réalité du diabète établie (par un test appelé HGPO, *cf.* page 98), le diabétologue vous demandera de surveiller votre taux de sucre jusqu'à 6 fois par jour par des piqûres au bout du doigt. Une diététicienne vous ayant auparavant conseillé un régime alimentaire pauvre en sucre, ces contrôles vous permettront de vérifier l'efficacité du régime. Si le régime ne suffit pas à équilibrer ce taux, il faudra instaurer un traitement par insuline. Ce qui compte pour vous, mais aussi pour votre bébé, c'est que le taux de sucre de votre sang soit régulier et normal. Dans le cas contraire, le bébé risque des complications importantes : une prise de poids trop importante, une altération de sa vitalité pendant qu'il est encore dans votre ventre, et une grande difficulté d'adaptation à sa naissance nécessitant une hospitalisation en pédiatrie. Ça vaut vraiment la peine de respecter le régime, même si c'est un peu contraignant durant quelques semaines...

☑ ***ma***
to-do list

les 3 présentations possibles du fœtus

> ## Conseil de pro
>
> *Pour repérer de quel côté il se tient quand il est en position céphalique, une bonne indication : les coups de pied ! Vous les ressentirez plutôt à droite si le dos est à gauche, et inversement.*

Avant de prendre une position verticale pour la naissance, l'enfant va bouger, osciller, pivoter... Il se tourne dans la majorité des cas la tête vers le bas au début du 8e mois. En attendant, il peut se tenir tête en bas, tête en haut, ou en position transverse, comme dans un hamac.

1 La position céphalique

Dans cette position, la tête de bébé est placée en bas, au-dessus de votre pubis, et ses fesses en haut de l'utérus. Son dos est dirigé soit vers la droite, soit vers la gauche.
La façon dont sa tête est orientée est peu importante à cet âge, mais le deviendra à l'heure de l'accouchement : c'est en principe le haut du crâne qui se présente le premier, le bébé ayant le menton contre sa poitrine. On appelle cette façon de se positionner la présentation du « sommet ». C'est de loin la plus fréquente.
Bébé peut tourner autour de l'axe de sa tête ; un coup à gauche, un coup à droite, une vraie girouette !

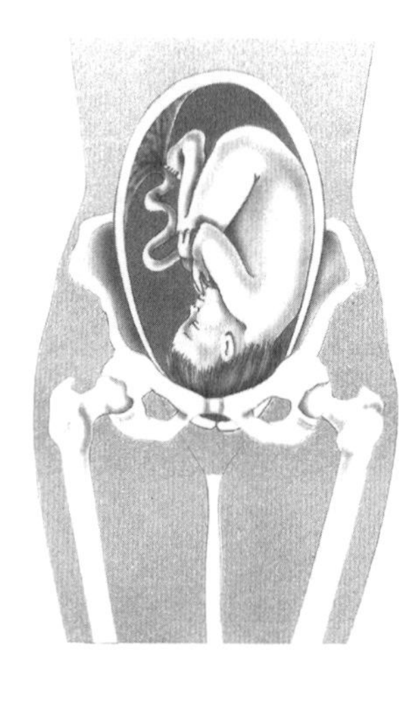

2 La position podalique ou du siège

Lorsqu'il est dans cette position, vous sentez en général très bien sa petite tête qui gigote sur votre estomac... Ce n'est pas toujours agréable ! En palpant le haut de votre ventre, vous sentirez peut-être une petite boule dure : c'est sa tête ! Bébé peut dans ce cas être assis « en tailleur » les pieds en bas, ou en position acrobatique, les jambes le long du corps, les pieds au niveau de la tête. Ici encore, les sensations pourront vous aider à vous représenter sa posture.

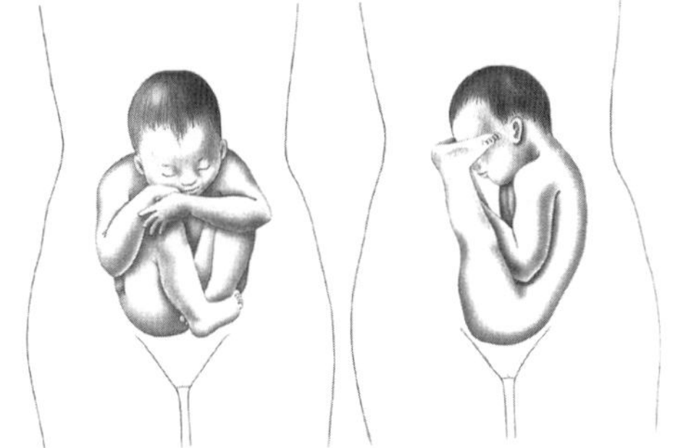

3 La position transverse

Alors là, tranquille Mimile ! On l'imagine bien en short à fleurs au bord de la piscine... Comme dans un hamac, bébé a la tête dans votre flanc et les fesses à l'opposé. J'en plaisante car à ce stade, il a largement le temps de se verticaliser... En revanche, s'il conserve cette position en approchant du terme, la naissance ne pourra pas avoir lieu par les voies naturelles : il lui serait mécaniquement impossible de se glisser dans le bassin maternel. Rassurez-vous, c'est très rare.

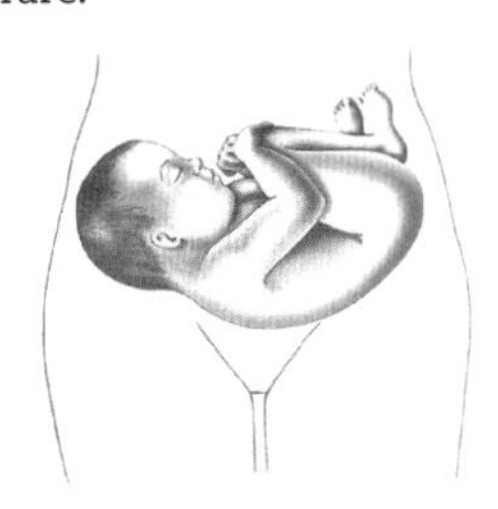

☑ ma to-do list

le huitième mois

les 4 semaines
du 8e mois

Parole
de sage-femme

“Peut-être avez-vous déjà entendu cette curieuse affirmation : « Il vaut mieux que l'enfant naisse à 7 mois qu'à 8 mois »... Cette étrange idée a perduré de l'Antiquité jusqu'à une époque très récente. La théorie la plus répandue pour alimenter ce concept est que l'enfant fait une première tentative pour échapper de la « matrice » en se retournant. S'il n'y parvient pas à cette heure, il en demeure épuisé et aura besoin d'un nouveau mois pour récupérer. Certaines époques et régions de France évoquaient une « seconde cuisson » nécessaire à ces enfants... La force symbolique du chiffre 7 n'est certainement pas étrangère à cette idée. Pour alimenter le propos, il est dit qu'Apollon est né à 7 mois... Beau gosse, non ?”

Vous êtes enceinte de 7 mois, vous en êtes donc au 8e mois de grossesse.

C'est classiquement au cours de ce mois que l'enfant va se retourner, pour présenter, dans la majorité des cas, sa tête vers le bas. Il est cependant fréquent qu'il ait déjà pris cette posture le mois précédent. Ce qui marque ce mois comme le prochain, c'est la prise de poids de votre enfant. En deux mois, il va le multiplier par deux.

1 31e semaine de grossesse, 33e semaine d'aménorrhée

Si elle n'a pas été faite la semaine précédente, c'est l'heure de la dernière échographie. Elle est un peu moins longue que la deuxième, l'étude morphologique ayant déjà été détaillée. Elle est néanmoins très importante pour étudier le rythme de croissance du bébé et les « annexes » : placenta, cordon ombilical et liquide amniotique (voir page 113).

- **Les mensurations de votre bébé :** il mesure 39 cm et pèse 1 700 g. Le diamètre de sa tête fait à présent 8,5 cm.

2 32e semaine de grossesse, 34e semaine d'aménorrhée

Votre enfant prépare son garde-manger... Grâce à la sécrétion torrentielle d'hormones par ses glandes surrénales démesurées (proportionnellement à leur taille adulte), le bébé est à l'origine d'une réaction en chaîne permettant la sécrétion de prolactine et donc la fabrication du colostrum. Prévoyant !

▶ **Les mensurations de votre bébé :** il mesure 40,5 cm et pèse 1 900 g, et le diamètre de sa tête atteint 8,7 cm.

3 33e semaine de grossesse, 35e semaine d'aménorrhée

Bébé a passé un nouveau cap de maturité. Ses poumons sécrètent une substance, le « surfactant », qui permet l'élasticité des alvéoles et facilite ainsi la respiration spontanée en cas de naissance prématurée. De plus, ses muscles sont assez puissants pour soulever sa cage thoracique sans épuisement. Il lui faut encore prendre un peu de poids et affiner ses capacités d'adaptation avant de sortir du nid... Patience.

▶ **Les mensurations de votre bébé :** il mesure 42 cm et pèse 2 100 g, et le diamètre de sa tête fait 8,8 cm.

4 34e semaine de grossesse, 36e semaine d'aménorrhée

L'audition de votre bébé est maintenant normale, mais sa perception sonore est encore particulière car le liquide amniotique emplit son oreille moyenne et ses fosses tympaniques. C'est lors de sa naissance qu'il évacuera ce liquide et percevra les sons comme nous.
À partir de cette semaine, s'il décide de naître, votre bébé ne nécessitera pas de transfert systématique en service de pédiatrie. C'est son poids, ainsi que sa capacité à s'alimenter, qui conditionneront sa prise en charge.

▶ **Les mensurations de votre bébé :** il mesure 43 cm et pèse 2 200 g, et le diamètre de sa tête fait 9 cm.

☑ ***ma*** to-do list

les 3 rendez-vous
avec votre bébé

Parole
de sage-femme

“ *Mesdames, si vous ne l'avez pas encore fait, il est temps de penser à prendre rendez-vous pour les cours de préparation à la naissance et à la parentalité !”*

Ce 8e mois est riche en rendez-vous ! Souvent, c'est le premier à la maternité avec la sage-femme du service. Vous verrez aussi un anesthésiste, et vous poursuivrez en parallèle la préparation à la naissance... Par bonheur, c'est aussi lors de ce mois que vous serez en congé maternité. Il est souvent bienvenu !

1 La constitution du dossier

Avant de faire votre visite médicale, la sage-femme ou le médecin qui vous recevra pour constituer votre dossier devra colliger tous les éléments importants pour mieux vous connaître (médicalement, bien entendu !). Votre passé médical, les maladies particulières que vous avez contractées au cours de votre vie, les interventions chirurgicales, les allergies, les médicaments que vous prenez. Les antécédents de votre famille proche sont également importants pour dépister des fragilités éventuelles. Si vous avez des comptes rendus d'opérations ou de consultations récentes chez un spécialiste, n'oubliez pas de les présenter, ils peuvent être utiles pour bien vous suivre. Bien entendu, tous les éléments du suivi de votre grossesse sont importants à apporter : résultats de prises de sang, d'échographie, compte rendu des consultations... Tout compte !

2 La visite du 8e mois

Cette consultation doit être faite dans le service où vous avez choisi d'accoucher. Ce premier contact permet à l'équipe de vous ouvrir un dossier, et à vous de faire connaissance avec l'environnement. Si votre grossesse ne présente pas de complications, vous serez plutôt vue par une sage-femme. La consultation habituelle est cette fois précédée d'un long échange destiné

L'avis **du pro**

La sage-femme vous fera probablement un prélèvement vaginal à la recherche d'un germe, le streptocoque B. Selon les habitudes du service, cet examen systématique sera pratiqué à la visite du 8e ou du 9e mois. Cette bactérie appartient à la flore vaginale habituelle de 15 à 20 % des femmes, sans qu'elle soit responsable d'infection. Cependant, ce germe peut être dangereux chez le nouveau-né qui l'aurait contracté au cours de l'accouchement. La communauté médicale a donc décidé de dépister toutes les femmes enceintes en fin de grossesse afin de prendre des mesures arbitraires de précaution : chez les femmes porteuses du streptocoque B, on fera peu de toucher vaginal et on essayera de préserver la poche des eaux intacte le plus longtemps possible. On évitera ainsi de propager le microbe et de mettre le bébé à son contact. Une injection d'antibiotiques à la femme en début de travail a pour but de limiter le risque de contamination fœtale. Le recueil de liquide avalé par l'enfant lors de son passage dans la filière génitale parachèvera le protocole de dépistage. Si l'on retrouve ces bactéries dans l'estomac du bébé, il sera surveillé de près afin de le traiter s'il développe une infection.

à retracer vos antécédents, ceux de votre famille, et le déroulement de votre grossesse. Comptez une bonne heure.

3 La consultation d'anesthésie

Une visite obligatoire doit être faite auprès d'un anesthésiste de votre lieu d'accouchement. Si vous comptez accoucher à domicile, vous devrez consulter un anesthésiste de la maternité où vous avez ouvert votre dossier en cas de complication et de transfert.
Cette consultation est souvent rapide. Elle permet d'évaluer un éventuel risque anesthésique, de contrôler par l'interrogatoire si vous avez des allergies et de vérifier que vous ne présentez pas de contre-indications à la péridurale.
Si l'anesthésiste vous questionne sur votre projet d'accouchement, sachez que votre réponse n'est absolument pas définitive ! Vous pouvez exprimer le désir de ne pas avoir recours à la péridurale sans que cela ne vous engage définitivement. Inversement, exprimer un désir d'analgésie n'est en aucun cas la garantie d'en disposer le jour J. Des contre-indications peuvent survenir entre-temps.

☑ *ma* to-do list

les 3 complications possibles de la fin de grossesse

Audrey, 27 ans

“Quand ma sage-femme m’a vue arriver, elle a immédiatement repéré que quelque chose ne tournait pas rond... Moi, je ne me sentais pas au top, mais je ne m’étais pas rendu compte de mes œdèmes au visage. J’avais mal à la tête depuis 3 jours, et pris 4 kg en une semaine ! Elle m’a fait une analyse d’urine, m’a pris la tension qui était très élevée, et m’a adressée directement à la maternité. Mon bébé est né le jour même, il allait bien. J’ai eu deux autres grossesses depuis, sans soucis, juste une surveillance attentive de ma tension.”

Trois autres complications peuvent se présenter à ce terme ; elles peuvent apparaître plus précocement, au 7e mois, mais c’est surtout lors de cette fin de grossesse que l’on peut les développer. Rassurez-vous, elles ne sont pas fréquentes, mais suffisamment ennuyeuses pour qu’on ne les néglige pas.

1 La pré-éclampsie

Anciennement appelée « toxémie gravidique », il s’agit de l’association de plusieurs signes : des œdèmes très importants qui apparaissent brutalement, une tension artérielle qui monte souvent et durablement au-delà de 14/9 et l’apparition de protéines en quantité importante dans les urines. Tous ces signes associés doivent vous alerter, et alertent surtout votre sage-femme ou votre médecin... Une surveillance minutieuse de votre tension et de la vitalité de votre bébé est alors organisée, avec des analyses d’urines régulières et un examen appelé « protéinurie des 24 heures » : vous recueillez vos urines dans un bidon pendant 24 heures pour pouvoir doser la réelle quantité de protéines urinaires... Il faut juste bien viser et se balader avec son bidon, c’est très discret !

2 Le retard de croissance intra-utérin

Il s'agit du cas où le bébé ne grossit pas suffisamment. Attention, on ne parle pas d'un bébé « petit modèle » mais restant dans une norme, même inférieure, mais du fœtus qui est pathologiquement petit ou qui ralentit soudainement sa croissance. Il peut y avoir beaucoup de causes et le gynécologue obstétricien qui prend en charge cette complication orientera ses recherches en vous expliquant les raisons de cette anomalie...

3 La cholestase gravidique

C'est une perturbation de la fonction d'élimination du foie apparaissant exclusivement au troisième trimestre de la grossesse. Son symptôme est facilement identifiable : le ventre démange atrocement, surtout autour du nombril, jusqu'à empêcher le sommeil et entraîner des lésions à force de gratter. Il ne s'agit pas des légères démangeaisons liées à l'étirement de la peau qui s'apaisent avec un massage à la crème hydratante ! Le diagnostic se fait par une prise de sang. Il est suivi d'un traitement médicamenteux ainsi que de la surveillance du bien-être du fœtus à partir d'enregistrements du rythme cardiaque du bébé à l'aide d'un monitoring.

ma to-do list

À savoir

Si jamais la tension monte trop, il faudra faire naître le bébé... La gravité dépendra bien entendu du terme de la grossesse et des complications possibles liées à la prématurité du bébé. On ne peut pas laisser empirer une pré-éclampsie, des complications pour la maman seraient également à craindre.

les 4 choses à savoir sur la présentation du siège

> Karine, 22 ans
>
> *“Pour moi, c’est l’acupuncture qui a été très efficace. Ma sage-femme m’avait expliqué qu’il existait un point sur le petit orteil qui favorise la rotation du bébé, s’il est « prêt ». Pour l’avoir vécu et assisté au retournement de mon bébé, c’est impressionnant !*
> *Il est apparemment préférable de commencer le plus tôt possible (au début du 8e mois), car l’efficacité est majorée si l’enfant a de la place et si l’utérus n’est pas trop tendu.”*

Vers la fin du 7e mois, le bébé se présente bien souvent dans une position « tête en bas » qu’il gardera pour naître. Néanmoins, il peut lui arriver d’avoir encore la tête en haut, cela s’appelle « en siège ». Vous vous doutez bien souvent de sa position, car sa tête est un peu gênante sur votre estomac et ses membres tapent surtout en bas, vers la vessie. Demandez à votre sage-femme ou votre médecin de vous faire sentir sa position, vous apprendrez très vite à repérer sa tête.

1 Comment est-il placé ?

La présentation du siège est la plus fréquente des présentations « différentes ». Cela représente environ 4 % des enfants. La cause de cette orientation pourrait être la forme de l’utérus, l’insertion du placenta... On ne sait en général pas précisément ce qui l’a motivée. L’enfant en siège peut être assis en tailleur, cela s’appelle un « siège complet » ; il peut avoir les jambes relevées, avec les pieds de chaque côté de la tête, il est alors en « siège décompleté ». Ces variantes n’ont pas d’incidence sur l’accouchement.

2 Jusqu’à quand peut-il se retourner ?

En principe, il n’y a pas de limite. Un enfant peut changer de position jusqu’à la fin de la grossesse. Dans la réalité, plus on avance, plus le volume fœtal est important, plus il s’installe sur le bassin, et moins il a de chances de bouger... Surtout pour un premier bébé, car l'utérus a tendance à être plus tonique.

3 Existe-t-il des possibilités pour aider l'enfant à se retourner ?

Oui, on peut tenter diverses techniques. Le retournement peut être tenté par l'obstétricien à la maternité sous certaines conditions. Il s'agit de la version par manœuvre externe : après avoir préalablement contrôlé la bonne vitalité du bébé par un enregistrement de son rythme cardiaque, la position du placenta et du bébé par échographie, le médecin va extérieurement, au travers de votre ventre, forcer la rotation du bébé.
Ce n'est bien sûr pas agréable, mais parfois, ça marche ! Contrairement aux techniques plus douces, on ne peut pas pratiquer cette version trop tôt, car le bébé est susceptible de mal supporter la contrainte et devra alors être extrait en urgence par césarienne. Rassurez-vous, c'est rarissime, mais on ne prend jamais le risque de provoquer une naissance prématurée.
Il reste une sollicitation qui peut motiver un enfant à se retourner : la posture du pont. Il faut s'allonger sur le dos, avec des coussins sous la région lombaire, afin d'être en arc de cercle. C'est assez désagréable, mais efficace à condition de le faire 15 à 20 minutes deux fois par jour...
L'enfant, dérangé par la tension des muscles abdominaux, tentera de se dégager de cet inconfort en tournant, s'il y est prêt. Vous alternerez cette posture avec du « quatre pattes » qui lui permettra, par la détente musculaire cette fois, de parfaire sa rotation.

4 Peut-on accoucher par les voies naturelles ?

La réponse est oui, indiscutablement, même s'il y a plus de restrictions que pour un bébé « tête en bas ». Le plus gros diamètre d'un nouveau-né est sa tête, contrairement à ce que l'on s'imagine souvent.
Dans le cas où la tête se présente en premier, le seul risque est que l'engagement ne se fasse pas si celle-ci est trop grosse pour le bassin. Si en revanche les fesses du bébé précèdent la tête, il faut avoir la certitude de la possibilité du passage... Un scanner du bassin est donc obligatoirement réalisé au début du 9e mois dans le cas d'une présentation du siège.
Si vous avez déjà accouché naturellement, que le scanner ne montre pas de problème de bassin et que la croissance du bébé est normale, vous pourrez accoucher par les voies naturelles. Si vous avez eu une césarienne, quelle qu'en soit la cause, votre bébé en siège naîtra par césarienne.
S'il s'agit de votre premier accouchement, tout dépend des mesures du bassin, du bébé, mais surtout... du protocole de l'équipe de votre maternité ! De plus en plus d'obstétriciens ont pour conduite à tenir la césarienne systématique programmée vers 39 SA. Parlez-en avec l'équipe, il faut absolument que vous soyez fixée sur l'attitude proposée pour pouvoir vous préparer à chaque éventualité.

☑ ma to-do list

____

____

____

____

____

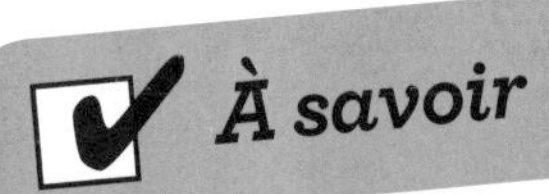

Lorsque l'enfant est en siège lors de la 3e échographie, soit vers 32 SA, il est d'usage de contrôler sa présentation deux semaines après, afin de prévoir un suivi spécifique et d'envisager le mode d'accouchement.

les 4 choses à retenir pour bien préparer sa valise

Parole
de sage-femme

“ Pour la confectionner, il n'y a de bon moment que celui que vous choisirez. Certaines femmes se sentent rassurées de l'avoir longtemps à l'avance en point de mire au bout du lit, tandis que d'autres ont besoin pour la préparer de se sentir prêtes à mettre leur bébé au monde. Le contenu doit être soigneusement pensé, en fonction des exigences de votre lieu d'accouchement ; toutes les maternités ne fournissent pas les mêmes prestations, indépendamment de leur statut ou de leur niveau. N'hésitez pas à demander la liste à l'accueil de la maternité. ”

Ah, la fameuse valise. Tout un mythe ! Êtes-vous de celles qui l'ont préparée depuis longtemps, ou de celles qui s'y mettront aux premières contractions ? Voici tout ce que l'on est susceptible de vous demander d'apporter. Refaites bien sûr le point en comparant avec la liste de la maternité et barrez ce qui est inutile ! Vous trouverez dans les pages suivantes le détail explicatif de certains de ces éléments.

1 Les papiers administratifs

- La carte de groupe sanguin
- La carte Vitale ou l'attestation d'assurance maladie
- La carte de mutuelle
- Le livret de famille et/ou la reconnaissance conjointe anticipée
- Les éléments du suivi de votre grossesse

2 Vos affaires personnelles

- Chemises de nuit ou pyjamas
- Slips jetables ou non
- Protections (garnitures)

- Affaires de toilette (accessoires et cosmétique)
- Savon pour la douche
- Grande serviette de bain
- Chaussons
- Peignoir ou tenue décontractée pour déambuler
- Thermomètre

Si vous allaitez

- 2 soutiens-gorge d'allaitement
- Des coussinets jetables ou lavables
- De la crème de prévention ou de traitement des crevasses
- Des coquilles d'allaitement

3 Pour l'environnement

- Petite lampe de chevet
- Radio ou musique
- Livre, journaux
- Coussin d'allaitement (c'est un traversin en U garni de microbilles)

4 Les affaires pour le bébé

- 4 ou 5 bodys
- 2 ou 3 brassières de coton ou de laine
- 4 ou 5 pyjamas ou tenues
- 2 ou 3 paires de chaussettes ou petits chaussons
- 1 bonnet de coton
- Une trentaine de couches
- 2 gigoteuses
- 4 ou 5 draps de berceau
- 2 ou 3 grandes serviettes de bain
- Du savon liquide pour bébé
- 10 bavoirs en tissu éponge
- Un thermomètre
- Une brosse à cheveux

Pour le jour de la sortie

- Un manteau ou équivalent
- Un bonnet
- Un lit auto ou cosy

☑ ma to-do list

les 4 ou 5 papiers
à ne pas oublier

Parole
de sage-femme

“Les chambres seules sont majoritaires dans les services récents de maternité. Si vous ne disposez pas de prise en charge de la chambre seule et que vous trouvez cette dépense excessive, vous ne serez pas mise dans le couloir en pénitence ! C'est simplement que vous ne serez pas prioritaire pour une chambre seule si d'autres types de chambres existent. Les tarifs sont très différents en fonction des établissements, renseignez-vous.”

Certains documents vous seront demandés à l'entrée à la maternité ou un peu plus tard, dans les jours suivant votre accouchement. Voici quelques explications sur ces papiers à ne pas oublier, pour éviter d'avoir à guider votre compagnon de votre lit, le portable à l'oreille, pendant qu'il fouille dans vos tiroirs à la recherche DU papier disparu...

1 La carte de groupe sanguin

Incontestablement, s'il n'y avait qu'une chose à ne pas oublier, ce serait la carte de groupe sanguin. Elle a été faite pendant la grossesse, à partir de deux prises de sang distinctes, en prévision de l'accouchement. C'est en effet exclusivement l'original de cette carte qui permet de transfuser du sang en cas de complication hémorragique. Bien que rare, cet acte, s'il doit être réalisé, présentera un caractère urgent. Il serait donc dommage qu'il soit retardé parce que la carte est restée sur la table du salon !

2 La carte Vitale

Parmi les autres éléments à avoir dans votre sac, il y a la carte Vitale (ou l'attestation d'assurance maladie si vous ne possédez pas cette carte). Elle n'est cependant pas nécessairement demandée à l'admission en maternité si vous avez déjà eu affaire à ce service (échographies, consultations...). Dans ce cas, la secrétaire aura enregistré tous les paramètres dans votre dossier lors de votre premier passage.

3 La carte de mutuelle

La carte de mutuelle sera utile pour la prise en charge de la chambre seule si votre couverture complémentaire la prévoit dans votre contrat. La secrétaire vous aura certainement conseillé lors d'un précédent rendez-vous de remplir une demande de chambre seule et de vous renseigner sur le tarif de son remboursement.

4 Le livret de famille et/ou la reconnaissance conjointe anticipée

Pensez au livret de famille si vous en avez un : c'est le cas si vous êtes mariée ou si vous avez déjà un enfant de la même filiation. Si vous n'êtes pas mariée, il est conseillé de faire établir par la mairie de votre domicile une « reconnaissance conjointe anticipée » avec le père du bébé, à condition bien sûr que vous souhaitiez tous les deux reconnaître l'enfant. Il vous suffit pour cela de vous rendre tous les deux à la mairie munis chacun d'une pièce d'identité, à n'importe quel moment de la grossesse. Cette démarche est très rapide.
Si vous êtes mariés, aucune démarche de reconnaissance n'est à faire, car la loi considère automatiquement que l'enfant qui naît au sein d'un couple marié a pour père le mari.

5 Le dossier de grossesse

Vous prendrez également les éléments de votre suivi de grossesse (comptes rendus de consultations, d'échographies, résultats d'examens biologiques...), même si en principe ces éléments ont déjà été consignés dans votre dossier à la maternité lors de la visite du 8e mois. Tout élément qui vous paraît avoir de l'importance et que vous n'avez pas encore communiqué sera le bienvenu.

☑ **ma** to-do list

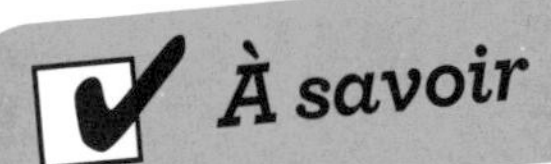

Un détail tout bête si vous êtes à la maternité en période électorale : vous pouvez bien entendu prévoir une procuration et, dans ce cas, la personne que vous aurez missionnée ira voter à votre place. Vous pourrez également voter dans votre lit à la maternité ! Le dimanche des élections, un officier est mandaté pour passer dans les chambres recevoir votre vote. Prévoyez donc dans votre sac votre carte électorale et une pièce d'identité !

les 3 compartiments de votre valise personnelle

Amélie, 27 ans

“Pendant mon séjour à la maternité, j'ai trouvé un îlot de tranquillité... J'ai volontairement choisi de ne pas acheter l'accès à la télévision, j'avais besoin de rester hors du monde, dans ma bulle avec mon bébé. Le seul élément que j'ai vraiment apprécié, c'était un bon bouquin ! Maintenant je le conseille à toutes mes copines qui vont accoucher.”

Préparez vos affaires en prenant soin de vous équiper d'objets que vous aimez. Vous occuper de vous est un moment important : il faut soigner votre corps, être confortablement habillée et installée. Voici quelques conseils issus du vécu.

1 La garde-robe

Pensez qu'il vous faudra plusieurs tenues confortables, afin que vous puissiez vous changer chaque jour. En effet, la chemise de nuit ou le pyjama seront facilement souillés par les pertes sanguines des suites d'accouchement, les écoulements de lait éventuels, les régurgitations du bébé et la transpiration, très importante dans cette période de « purge » du corps... Quel tableau me direz-vous ! C'est la simple vérité qui fait partie de la physiologie de la femme et qui vous semblera toute naturelle dans le contexte vécu.
La durée de séjour en maternité est en général de 4 jours (en 2011). Prévoyez donc 4 à 5 tenues. Attention, gardez les tailles de grossesse, pas votre nuisette d'il y a neuf mois, vous risqueriez d'être gênée aux entournures. Il faudra du temps pour que votre corps se remodèle. Si vous allaitez, choisissez des hauts qui se dégrafent largement pour ne pas avoir à vous déshabiller lors de la tétée.
Pensez que vous vous promènerez dans la maternité : chaussons, peignoir ou tenue décontractée pour la journée vous seront utiles.
Les maternités conseillent en général des slips jetables. Encore une fois, il s'agit de ne pas être de corvée de lessive en cas de souillure par le sang (et soyez certaine qu'il y en aura). Prenez une grande taille, il faut être à l'aise et avoir de la place pour y glisser des serviettes conséquentes. Certaines femmes préfèrent acheter un lot de slips en coton bien grands et peu onéreux, quitte à les jeter ensuite ; le coton est toujours plus confortable que le filet ou le papier... N'oubliez pas non plus un paquet de garnitures (serviettes, protections...)

en choisissant le modèle « nuit »,
« flux abondant » ou « maternité ».

2 Les accessoires utiles

Si vous avez choisi l'allaitement maternel, 2 soutiens-gorge d'allaitement seront utiles : prenez la même taille qu'en fin de grossesse, avec un bonnet de plus : cela laissera de la marge pour l'augmentation du volume des seins lors de la montée de lait à partir du 3e jour d'allaitement.
Pensez également à un paquet de coussinets ou 2 ou 3 paires de coussinets lavables. Ce sont des protections rondes que l'on place dans le soutien-gorge pour absorber les « fuites » de lait. C'est toujours très utile, car il y a souvent des écoulements intempestifs, quand le bébé pleure, quand il tète l'autre sein, quand il tarde à réclamer sa tétée... Le choix entre le jetable et le lavable vous appartient.
Bien entendu, pensez à vos affaires de toilette personnelles pour vous occuper de vous après l'accouchement : savon, brosse à dents, dentifrice et vos petites crèmes si vous en utilisez. Faites-vous préciser si vous devez vous munir de serviettes de toilette ou si la maternité vous les prête. Ce n'est plus le cas partout, économies obligent !
Beaucoup d'établissements vous demandent de vous munir de votre propre thermomètre ; à nouveau, renseignez-vous... Mais au vu du volume de l'outil, il n'y a pas grand risque à le mettre dans la trousse de toilette.

3 Et pour rendre le séjour agréable...

Vous découvrirez que l'éclairage des chambres est parfois agressif, surtout pour une tétée ou un biberon à 3 heures du matin... On rêve souvent dans ces moments d'une petite lumière douce et tamisée, difficile à trouver avec les néons du plafonnier ou du dessus du lit. En général, on se contente de la lumière de la salle de bains, en jouant sur l'entrebâillement de la porte, mais c'est loin d'être idéal. La petite lampe de chevet, vous l'adorerez, c'est promis !
Un peu de musique, un petit poste de radio, c'est très agréable, et vous verrez, la télévision est un accessoire bien inutile dans cette période où le calme est le meilleur allié de votre récupération. L'univers sonore télévisuel n'est pas idéal pour un nouveau-né...
Si vous en possédez un, apportez votre coussin dit « d'allaitement » (même si vous n'allaitez pas, c'est confortable). Vous pourrez ainsi vous positionner pour allaiter ou donner le biberon, sans avoir de tensions dans les épaules et le dos. Actuellement, beaucoup de maternités mettent à disposition dans chaque chambre : dans ce cas ne vous encombrez pas du vôtre !

☑ ma to-do list

____

____

____

____

____

____

____

____

____

____

____

____

____

les 2 compartiments de la valise de bébé

Conseil de pro

Les trois épaisseurs peuvent paraître excessives, mais elles sont cependant nécessaires : comme dans votre ventre le bébé vit dans une température ambiante de 37 °C, il lui faut quelques jours pour s'adapter à une température plus basse. La surveillance quotidienne de sa température après la naissance vous aiguillera dans le déshabillage progressif.

Plus que pour le reste encore, les éléments nécessaires pour l'enfant dépendent de la maternité choisie. Certaines – de plus en plus rares, mais elles existent encore ! – fournissent tout, même les vêtements de bébé pour toute la durée du séjour. Pas de lessive à faire en rentrant à la maison, et quel gain de place ! Il vous suffira dans ce cas de prévoir une tenue pour la sortie. La tendance est actuellement plutôt à l'inverse… Il vous faudra plus souvent prévoir les vêtements, l'habillage du berceau, les serviettes de bain, le savon, le thermomètre, et même les couches… ainsi qu'une remorque pour tout transporter !

1 Les vêtements

Pour les vêtements, prévoyez une tenue complète par jour, soit 4 à 5 changes contenant chacun trois épaisseurs (même au mois d'août) : un body, une brassière (c'est un petit gilet en coton ou en laine pas trop épais), un pyjama (grenouillère, babygros selon les appellations). Inutile de prendre 5 brassières, si les bodys et pyjamas sont changés chaque jour, le linge du milieu peut être remis. Prévoyez aussi 2 ou 3 paires de chaussettes (à mettre à l'intérieur du pyjama) ou des petits chaussons (par-dessus, il faut que l'on puisse admirer les belles mailles de la grand-mère), ainsi qu'un bonnet doux que bébé gardera 24 à 48 heures pour éviter la déperdition de chaleur, très importante du fait de la surface du crâne du bébé.

Deux gigoteuses (qui remplacent les draps ou couettes) sont nécessaires, la seconde étant utile en secours en cas de régurgitations, très fréquentes chez les nouveau-nés.

2 Les accessoires

Si vous devez apporter les couches, prévoyez-en 6 à 8 par jour. La taille dépend du poids de votre bébé. S'il paraît se situer dans la moyenne, la gamme 3 à 6 kg sera parfaite. La marque importe peu. Évitez toutefois les très bas de gamme, qui sont en général irritantes pour les fesses, et rarement étanches.
Si vous devez apporter le drap du dessous ou les serviettes de bain, soyez vigilante sur la lessive utilisée pour le lavage.
La peau de votre nouveau-né est très fragile, facilement irritable, et il sera important de laver le linge qui est en contact avec sa peau avec une lessive sans détergents ni parfums. Les bonnes vieilles paillettes de savon de Marseille ou encore les noix de lavage préserveront l'équilibre cutané de votre bébé, et votre porte-monnaie par la même occasion !

ma to-do list

À savoir

La seule constante concerne le lait : n'apportez pas de boîtes de lait maternisé ni de biberons, ceux-ci sont toujours fournis par les maternités. Impossible d'anticiper l'achat du lait, car la marque utilisée par l'établissement change tous les trois mois environ afin de ne pas favoriser une marque au détriment des autres. Les biberons donnés en maternité sont déjà préparés et tous contiennent la même quantité de lait… On donne au bébé sa ration, puis on jette le reste à la poubelle : lait, biberon et tétine. C'est beau le progrès…

le neuvième mois

les 5 semaines (ou plus !) du 9e mois

Parole
de sage-femme

“Vous entendrez toutes sortes de théories sur l'activité du bébé en fin de grossesse... La plus courante colporte que l'enfant ne bouge plus lorsqu'il s'approche du terme de sa naissance. Il n'en est rien ! Si certains enfants diminuent en effet sensiblement leur activité, la plupart d'entre eux gigotent comme avant ! Il est même très important que vous continuiez à le sentir bouger régulièrement. Face à un gros changement de son activité, il faut consulter pour vous assurer de sa bonne vitalité.”

À ce stade de la grossesse, les indications de taille et de poids ne sont que des moyennes... Votre bébé aura des mensurations variant autour de cette moyenne, tout en étant parfaitement normal. Prête pour la grande aventure de la naissance ? En principe, votre bébé est mûr, chaque jour apportera un peu plus de finesse dans sa capacité à être au monde extérieur.

Il vous reste à avoir hâte...

1 35e semaine de grossesse, 37e semaine d'aménorrhée

À la fin de cette semaine, il est considéré comme « à terme ».

▶ **Les mensurations de votre bébé :**
il mesure 48 cm et pèse 2 900 g, le diamètre de sa tête fait 9,4 cm.

2 36e semaine de grossesse, 38e semaine d'aménorrhée

Même si bébé n'est désormais plus considéré comme prématuré, il n'est pas fréquent qu'il décide d'arriver avant 38 SA révolues. Il a en général encore besoin de mûrir un peu.

▶ **Les mensurations de votre bébé :**
mesure 50 cm et pèse 3 300 g, le diamètre de sa tête fait 9,5 cm. C'est une moyenne, bien entendu !

3 37e semaine de grossesse, 39e semaine d'aménorrhée

Ça y est, tout est possible… Bien calé dans les starting-blocks, bébé attend le signal. À moins que ce ne soit lui qui le donne, qui sait ?

4 38e semaine de grossesse, 40e semaine d'aménorrhée

« Papa bondit sur la valise à chaque fois que maman fait une grimace, je l'entends d'ici et ça me fait bien rigoler ! Je crois bien que je vais les faire piaffer encore un peu… »

5 39e semaine de grossesse, 41e semaine d'aménorrhée

Bon, là, ce n'est plus drôle en fait… Tout le monde autour ne cesse de téléphoner : « Tu es encore là ??? »

6 40e semaine de grossesse, 42e semaine d'aménorrhée

« Moi, j'ai besoin de rester jusqu'au bout, de mûrir au creux de maman, de me prélasser… C'est ma toute dernière semaine, quoi qu'il arrive, il faudra que je sois né au plus tard à la fin de la semaine. Papa et maman n'en peuvent plus d'attendre. »

☑ ***ma***
to-do list

les 3 rendez-vous avec votre bébé

Émilie,
33 ans

“La maternité dans laquelle j’ai accouché, et où j’ai suivi la préparation à la naissance, proposait une visite du service, des salles de travail, d’accouchement, etc. C’était très intéressant de pouvoir me projeter. J’avais proposé à mon mari de faire cette visite avec moi : il a été rassuré de savoir où il devrait m’accompagner, et comment il pourrait rester près de moi.”

Dernière ligne droite ! Peut-être la dernière consultation… que vous ferez à nouveau dans la maternité de votre accouchement. Tout se met en place pour la naissance. Vous posez vos questions, qui commencent certainement à être plus concrètes au sujet de votre accouchement et de l’organisation de la maternité : à quelle entrée dois-je me présenter en pleine nuit, dois-je vous téléphoner avant d’arriver…

1 La visite du 9e mois

La particularité de cette consultation réside dans l’examen du bassin si vous attendez votre premier enfant. Par ce toucher vaginal un peu plus approfondi, la sage-femme ou le médecin va explorer votre bassin afin d’en évaluer la taille. Il (ou elle) se fera ainsi une idée de la possibilité d’accouchement par les voies naturelles. Il n’est bien sûr pas question d’affirmer avec certitude que votre bébé naîtra par en bas, mais bien de vérifier qu’il n’y a *a priori* pas d’obstacle mécanique à cette naissance. Confronté(e) à un doute, il (elle) vous prescrira un scanner du bassin pour en avoir les mesures réelles. Pourquoi ne pas le prescrire à toutes les femmes, me direz-vous ? Plusieurs raisons s’y opposent : la disponibilité des appareils de scanner, qui seraient ainsi mobilisés pour des femmes saines, le coût invraisemblable que ce systématisme entraînerait sans bénéfice proportionnel pour la santé des femmes, et surtout parce que l’on ne doit pas oublier, même si les mesures sont défavorables, la capacité du bassin à s’élargir par des mouvements adaptés, ni celle du bébé à se faufiler de façon inattendue…

2 La préparation à la naissance

Ce mois-ci, votre préparation va se terminer ; si possible, faites participer votre conjoint à la discussion et à la séance qui renseigne sur les façons de pousser, de s'installer... Il pourra ainsi mieux vous aider, et cela lui fera prendre conscience de l'imminence de la naissance.

3 La surveillance si vous dépassez votre terme

Un certain nombre de femmes vont jusqu'au bout, voire un peu plus loin que le terme annoncé, qui n'est que théorique. Dans notre pays, un suivi est alors mis en place systématiquement car on craint que le bébé soit moins bien alimenté en oxygène par un placenta un peu trop mûr. En pratique, il faut aller à la maternité le jour du terme en consultation. La sage-femme enregistrera le rythme cardiaque du bébé pendant 30 minutes à l'aide d'un monitoring, et elle vérifiera par échographie qu'il reste suffisamment de liquide amniotique pour le bien-être de votre enfant. Si tout va bien, vous reviendrez 2 jours plus tard pour la même surveillance (soit 2 jours après la date du terme), puis encore 2 jours après... Si vous n'avez toujours pas accouché, on déclenchera votre accouchement afin que bébé naisse au plus tard à terme dépassé de 6 jours.

ma to-do list

____

____

____

____

____

____

____

____

____

____

____

____

____

Astuces

• À l'approche de l'accouchement, vous ferez un bilan sanguin dit « pré-anesthésique », dont la finalité est d'étudier la coagulation du sang (entre autres) et de s'assurer de l'absence de contre-indications à la pose éventuelle de la péridurale.

• La consultation d'anesthésie Si elle n'a pas été faite, pensez-y, c'est important.

les 7 gênes
les plus fréquentes

Conseil de pro

Pour éviter la désagréable sensation que le bébé est descendu très bas, je vous suggère de passer autour de votre bassin, très bas, une ceinture ou un foulard qui enserre les os du bassin de chaque côté, et passe devant, sous le ventre, sur la symphyse pubienne (la ceinture Physiomat® par exemple est très adaptée, mais un foulard ou un paréo bien roulé sont également efficaces).

En cette toute fin de grossesse, quelques inconforts peuvent provoquer chez vous des sensations inattendues, gênantes, voire douloureuses. Rien d'étonnant à cela : votre enfant prend maintenant beaucoup de place dans l'utérus, qui monte haut sur votre estomac et limite votre capacité respiratoire, tandis que votre bassin se prépare à l'accouchement en bougeant, en s'ouvrant... Voici quelques-uns des signes le plus souvent rencontrés.

1 Les douleurs ligamentaires

Ces douleurs, qui apparaissent surtout en fin de grossesse, peuvent débuter bien plus tôt, en particulier si vous avez déjà eu plusieurs enfants. Elles surviennent quand vous bougez, au niveau du bassin.
Vous risquez d'éprouver des sensations qui vont du simple tiraillement, des impressions de décharge électrique aux douleurs vives et violentes causées par le mouvement, typiquement quand vous vous retournez dans le lit...
Certaines femmes affirment aussi ressentir comme des « aiguilles » dans le fond du vagin, ou encore des douleurs qui partent du pubis et irradient dans les cuisses...
Cette liste ressemble un peu à un catalogue, mais tous ces signes sont fréquemment observés. Un dernier symptôme très caractéristique est particulièrement anxiogène : la sensation que le bébé est tellement bas qu'il est descendu dans le vagin ! N'oubliez pas de vous appliquer à ne faire que des mouvements doux et lents.

2 Les remontées acides

Elles sont souvent plus importantes en fin de grossesse, car l'utérus, remontant très haut, crée une pression sur l'estomac, qui dispose alors de moins de place. Le relâchement des tissus n'arrange rien. Les conseils sont les mêmes que plus tôt dans la grossesse : mangez moins mais plus souvent pour ne pas charger l'estomac, ne vous allongez pas juste après avoir mangé et respectez une posture en étirement durant la digestion (*cf.* page 86). Ne restez pas tassée dans le canapé !

3 Les contractions utérines

Parfois gênantes, parfois ponctuellement douloureuses... Au 9e mois, le muscle commence à se contracter par moments, parfois même de façon régulière toutes les 10 minutes pendant près d'une heure. Au repos, ces contractions se calment en général. Un bon bain vous soulagera efficacement. Au tout début du 9e mois, il n'est pas rare que l'on se sente mal à l'aise pendant quelques jours : contractions utérines, reprise des nausées, coup de fatigue... On commence à penser que l'accouchement aura lieu avant le terme... En fait, 9 fois sur 10, tout se calme et on retrouve la pêche !

4 Les problèmes de sommeil

À ce stade, il est rare que votre sommeil soit paisible. Entre les réveils fréquents pour aller uriner, les mouvements vifs de l'enfant qui n'a pas forcément envie de dormir la nuit, les douleurs de ligaments... Si vous le pouvez, adaptez votre rythme et optez pour la grasse matinée ou la petite sieste.

5 Les pertes urinaires à l'effort

Très désagréables, ces fuites d'urine en riant, en toussant, en éternuant ! Elles indiquent un relâchement du hamac musculaire appelé le « périnée », amplifié bien entendu par la pression du bébé vers le bas. Demandez à votre sage-femme de vous apprendre quelques exercices de rééducation, qui amélioreront en général un peu le problème ; il faudra absolument penser à la rééducation après l'accouchement.

6 Les pertes vaginales

Très souvent, les pertes blanches deviennent plus abondantes en fin de grossesse. Elles restent toutefois fluides et ne doivent pas brûler ou démanger. Dans le cas contraire, vous êtes peut-être atteinte de mycose, et il faut consulter. Les conseils cités page 39 sont évidemment toujours valables.

7 Les œdèmes et douleurs de jambes

Le volume de l'utérus et le poids du bébé forment un obstacle à la remontée du sang des jambes vers le haut du corps. De plus, le relâchement des parois veineuses et l'augmentation importante de la quantité d'eau du corps durant la grossesse majorent la stagnation du liquide dans les jambes. Cela crée des œdèmes.

☑ **ma** to-do list ____________

____

____

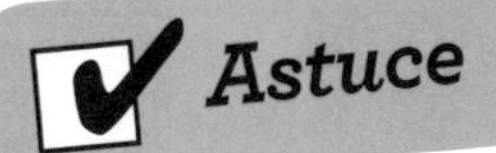

Astuce

Relevez les pieds de votre lit et, bien entendu, mettez des chaussettes ou des bas de contention. Rien n'est plus efficace.

les 4 façons de prévoir la date d'accouchement

Conseil de pro

On considère une naissance « à terme », c'est-à-dire exempte de suspicion de pathologie la provoquant, à partir de 36 SA. Nos recommandations actuelles permettent la spontanéité du déclenchement de l'accouchement jusqu'à 41 SA + 6 jours. Au-delà, sans manifestation de début de travail, l'accouchement sera déclenché. Au-delà de cette date, la communauté médicale redoute des complications chez le fœtus. L'accouchement est considéré comme présentant moins de risques liés à la prématurité dès 35 SA et pourra se faire en maternité de niveau 1. Avant ce terme, le bébé doit être pris en charge dans un service de néonatologie, même s'il va bien et respire de façon autonome ; c'est une précaution de surveillance.

« Encore là ? Oh, vous accoucherez avant ! Ce n'est pas prêt d'arriver, il est haut... C'est quand la prochaine lune ? » Vous n'avez pas fini d'en entendre ! Chacun y va de sa certitude et de sa prévision. La vérité, c'est... qu'il n'y en a pas. Depuis l'Antiquité, la durée de gestation de la femme est en débat, avec, dès cette époque, l'évidence qu'elle n'est pas fixe. Les métaphores pour l'évoquer la rapprochent plus du monde végétal et de ses variations dans la germination et la maturité du fruit que du monde animal si bien régulé.

Et au fait, vous, c'est pour quand ?

1 La théorie

Il existe bien entendu une théorie admise de tous quant à la durée de la gestation : 266 jours. Les disparités selon les époques et les régions du monde reposent sur un quiproquo qui a pour origine notre façon d'apprécier le temps. Le temps de la grossesse avait pour base le mois lunaire, soit un peu plus de 27 jours. Il était donc admis que la femme voyait 10 à 11 lunes pendant sa grossesse. Le changement d'astre de référence a donc réduit la grossesse de 10 à 9 mois... Tout est relatif !

2 Au quotidien

La majorité des naissances, dans notre population occidentale, ont lieu entre 39 et 41 semaines d'aménorrhée. Il semble que chacune d'entre nous ait un temps de gestation personnel, correspondant entre autres au temps de maturation du bébé. Un aspect familial est parfois retrouvé : certaines lignées de femmes accouchent plutôt après terme, alors que d'autres auront plutôt tendance à une mise au monde plus précoce de 2 voire 3 semaines.
Ce qui compte, c'est que l'enfant soit « mûr », qu'il soit capable de s'adapter au monde extra-utérin à son arrivée.

3 Au fait, qui décide, maman ou bébé ?

On ne sait pas définir ce qui détermine précisément le déclenchement de l'accouchement. Les chercheurs ont mis en évidence des éléments maternels, mais également fœtaux : facteurs hormonaux, de maturation locale, marqueurs génétiques, facteurs psychologiques, tous ces éléments semblent impliqués dans le déterminisme de l'accouchement. Finalement, depuis ma grand-mère, on n'a pas vraiment avancé : « Quand le fruit est mûr, il tombe » !

4 Et la Lune dans tout ça ?

Je laisserai à chacun d'entre vous la liberté d'y prêter attention ou non... Pleine lune, nouvelle lune, lune blanche, lune noire, 3 jours avant ou 3 jours après ?
Les garçons en lune montante, les filles en lune descendante ? Qui du tonton Alfred ou de la cousine Sophie aura eu raison ? Que chacun fasse sa prédiction, c'est l'un des charmes de la grossesse. Après tout, connaissant le jour précis de début de grossesse, le sexe, le poids de l'enfant, bien souvent son prénom... il faut bien qu'un peu de mystère persiste !

ma
to-do list

Hippocrate, dans son *Traité de l'alimentation*, exposait une théorie bien à lui : si le premier mouvement de l'enfant apparaît à 70 jours, il naîtra à 210 jours, s'il bouge à 90 jours, il naîtra à 270 jours... Une multiplication par 3 et c'est gagné !

les 4 raisons
d'aller consulter

Vous approchez du terme, bébé est prêt, vous aussi. Vous attendez, entre excitation et appréhension, le signal. Dans de rares cas, un événement peut se produire, qui vous contraint à aller consulter sans que les signes classiques de début d'accouchement ne soient pourtant présents. Ces événements – saignements ou disparition des mouvements de votre enfant –, imposent un contrôle de la vitalité du bébé et peuvent nécessiter une intervention urgente. Il ne faut donc pas les négliger.

Conseil de pro

Le col de l'utérus contenant une multitude de vaisseaux sanguins très friables en fin de grossesse, il est susceptible de saigner spontanément, suite à un toucher vaginal ou à un rapport sexuel. Il s'agira alors d'une petite quantité de sang, qui se tarira très vite. Si votre enfant bouge bien, que vous n'avez aucun autre signe anormal, vous n'avez aucune raison de vous inquiéter.

1 Les saignements

Une perte abondante de sang rouge par le vagin doit vous faire consulter en urgence. Je vous conseille dans ce cas de vous rendre directement à la maternité la plus proche de chez vous, ou d'appeler le Samu afin qu'il vous y mène. Il faudra en effet au plus vite contrôler la bonne santé de votre enfant, évaluer si ces saignements ne se font pas au détriment de son oxygénation. Ce serait le cas si le sang provenait du décollement d'une portion du placenta. L'examen clinique et l'échographie permettront de connaître l'origine du sang.
Une césarienne en urgence sera pratiquée si l'enfant ou la maman présentent une altération de leur état général.

2 La diminution des mouvements du bébé

Les bébés ne bougent pas tous de la même façon. Certains sont très actifs toute la durée de la grossesse, d'autres beaucoup moins. C'est vous qui connaissez ses habitudes. C'est un changement de ces habitudes qui peut vous alerter ; le bébé garde des mouvements actifs réguliers, qui peuvent changer éventuellement d'amplitude et de fréquence, mais ne disparaissent jamais totalement. Si vous éprouvez une inquiétude soudaine, une impression de ne plus le sentir, essayez de le stimuler par les moyens que vous avez l'habitude d'utiliser et qui vous sont propres. Si le bébé ne réagit pas et que l'inquiétude persiste, consultez. Fort heureusement, vous serez rassurée dans la majorité des cas par l'audition des bruits du cœur de votre bébé. Il ne faut jamais rester à la maison avec cette angoisse sans contrôler la bonne santé de bébé.

3 La procidence du cordon

Rarissime, cette urgence doit néanmoins être mentionnée. Il s'agit du cordon ombilical du bébé qui, emporté par un brusque et massif écoulement de liquide amniotique, passe devant la présentation du bébé et bloque par compression le passage sanguin de l'oxygène.
Ce phénomène ne peut se produire que dans le cas où le bébé est très haut dans le bassin. Le risque est un peu plus grand si vous avez déjà eu trois enfants ou plus (le bébé reste plus haut plus longtemps), si l'enfant se présente par le siège ou en position transverse et, bien sûr, si vous perdez brutalement les eaux.
Si vous vous trouvez dans l'une de ces situations, je ne saurais que vous conseiller de vous rendre à la maternité au plus vite, en position allongée, les fesses un peu surélevées. Si d'aventure le cordon avait précédé le bébé, il n'y a qu'une solution : la césarienne pratiquée en urgence. Sinon, une fois la vérification faite, la sage-femme vous guidera pour la suite des événements, dans le calme, bien entendu...

4 L'anxiété

Et parfois, il n'y a rien d'objectif, juste une angoisse qui monte, incontrôlable, que même les coups de pied de votre enfant ne parviennent pas à apaiser. Consultez... Votre sage-femme ou votre médecin vérifiera avec vous que tout est normal, vous fera entendre le cœur du bébé, et surtout prendra le temps de chercher avec vous ce qui génère cette inquiétude. Parler de cette peur, être entendue, suffira peut-être. Les élixirs floraux trouveront ici leur indication idéale : pour une peur précise, choisissez *Mimulus* ; une peur plus diffuse, *Aspen* ; une terreur, *Rock Rose*... et bien entendu 4 gouttes de *Rescue®* pour commencer.
La prescription homéopathique a également sa place avec, selon le cas, *Gelsemium, Ignatia, Pulsatilla* ou *Actaea racemosa.*

☑ ***ma***
to-do list ________

____

____

____

____

____

____

____

____

____

____

____

les 2 grandes raisons de partir pour la maternité

Conseil de pro

Un cas particulier : la fissure de la poche. Elle est très difficile à affirmer. Le slip est mouillé brusquement, sans que ça coule à flots... De nouveau, la question revient, légitime : fuite de liquide amniotique, perte d'urines, perte vaginale, transpiration excessive ? Pour vous aider dans le diagnostic, voici un petit « truc ». Commencez par aller vider votre vessie. Changez votre slip, en ne mettant pas de protection dans son fond afin de bien visualiser un écoulement éventuel. Vous allez maintenant bouger votre bassin, faire des rotations, monter des marches si vous pouvez, tousser. Si votre poche des eaux est fissurée, la mobilisation de la tête du bébé et la pression vers le bas libéreront le liquide et vous serez à nouveau mouillée. Il faut vous rendre à la maternité. Si l'écoulement ne se confirme pas malgré ces exercices, la poche est vraisemblablement intacte.

Bien sûr, il y a l'application iPhone... mais tout le monde n'a pas un iPhone... Hum. La crainte de ne pas arriver à temps est souvent présente. Ce cas de figure est tout de même rare, il faut l'avouer, même si c'est toujours celui qui alimente les gazettes et les fantasmes. Après toutes ces années auprès des couples, je pense que la difficulté se situe plus dans le fait de ne pas partir trop tôt... On est bien, à la maison, à découvrir les premières vibrations du corps, les premiers vertiges de la réalité du bébé qui va prendre visage dans quelques heures. Ce qu'il faut avant tout, c'est être confiante, et pour cela quelques connaissances s'imposent. Parfois quelques conseils d'autrefois peuvent permettre de partir au bon moment.

1 Les contractions

L'apparition des contractions utérines est l'un des signaux du début du travail d'accouchement. Une question reste cependant toujours présente... Soit vous en avez depuis longtemps, vous vous demandez alors comment reconnaître les bonnes, soit vous n'en avez jamais eu, alors comment savoir ce que sont ces fameuses contractions ? La réponse que je donne inlassablement depuis des années, est toujours

« fraîchement » accueillie : ayez confiance, vous le saurez au moment venu. Pfff, facile ! Et pourtant, c'est vrai...
Une contraction de « travail » ne ressemble à rien de ce que vous avez ressenti jusqu'alors. Ce n'est pas forcément une question d'intensité, de douleur. C'est autre chose. Une nouvelle puissance, une nouvelle localisation. Il va être nécessaire de laisser s'installer ces sensations pour les apprivoiser peu à peu.
Un autre élément fondamental pour reconnaître l'événement est la rythmique, la régularité avec laquelle les contractions vont s'enchaîner. La fréquence va être faible au début. Une, puis une autre une heure plus tard... L'augmentation de cette fréquence sera progressive : toutes les 30 minutes, 20 minutes, 15 minutes, 10 minutes. Progressivement, au fil des heures, les sensations seront plus marquées, nécessitant d'interrompre votre activité pour vous concentrer sur la respiration, la récupération.
Dans ces conditions, laissez les contractions atteindre la fréquence de 5 minutes.
Au bout d'une heure et demie à deux heures de contractions se succédant toutes les 5 minutes, vous pouvez partir pour la maternité[1]. À votre arrivée, le col aura commencé sa dilatation et sera peut-être ouvert à 3 cm. La phase la plus laborieuse est passée, la dilatation va maintenant s'accélérer.
Une bonne façon de distinguer les contractions d'un accouchement qui débute de contractions, régulières certes, mais vouées à s'arrêter rapidement, est de prendre un bain. Si vous avez la chance d'avoir une baignoire, alors prenez un bon bain chaud, vous serez vite fixée : si dans les 10 minutes les contractions s'estompent, s'apaisent, ce n'est pas l'heure. En revanche, si elles sont rapidement plus fortes et gardent leur fréquence, il y a de grandes chances pour qu'elles ne s'arrêtent plus.

1. Ce conseil n'est valable que si vous êtes jusqu'à 30 à 45 minutes de route de la maternité ; si vous êtes plus loin, il faudra anticiper un peu ce départ. De la même façon, si tout autre signe ou une inquiétude vous accompagnent, il faut partir plus vite ou appeler une sage-femme ou un médecin. Dans la situation envisagée, votre bébé bouge bien, vous n'avez pas perdu les eaux et vous ne perdez pas de sang.

2 La perte des eaux

Un autre signe, indépendant des contractions utérines, est la rupture de la poche des eaux. C'est très facile à repérer, vous serez trempée ! Elle est très aléatoire, et il n'est pas question d'attendre ce signe pour partir si vous avez des contractions...
Il arrive que la poche des eaux reste intacte durant toute la dilatation.
La poche peut se rompre en dehors de tout autre signe et de toute sensation anormale. Vous sentirez juste du liquide chaud couler entre vos cuisses. En général, la surprise est telle que l'on ne « percute » pas immédiatement... Ai-je perdu mes urines ? Ai-je des pertes vaginales plus importantes ? La réponse vient vite, par l'observation et le ressenti. Le liquide amniotique est clair comme de l'eau, parfois il charrie des glaires blanches et un peu rouges, filaments de sang provenant du col utérin. La couleur et l'odeur sont de toute façon très différentes de celles de l'urine, et une tentative de retenue est totalement infructueuse.
Il faut alors se rendre à la maternité, non pas que l'accouchement soit imminent, mais il va falloir être vigilante pour éviter une éventuelle infection du bébé dans les heures qui suivent.

☑ ma to-do list

l'accouchement

les 3 questions que vous vous posez sur la douleur

Parole de sage-femme

“Avoir le choix d'avoir recours à l'anesthésie péridurale ou non et être respectée dans ce choix est sans doute la meilleure réponse que l'on puisse avoir à la question de la douleur de l'accouchement. Le mauvais vécu de cette expérience vient du sentiment d'avoir été dépossédée de la décision, de pas avoir été entendue.”

La douleur est une notion omniprésente quand on évoque l'accouchement. Notre histoire récente nous a amenés à modifier notre regard sur ce ressenti... De la valorisation à la suppression, notre modèle évolue, et notre regard le suit. Mais alors, cette douleur, elle est utile ou pas ?

1 Faut-il avoir mal ou pas ?

La réponse n'existe sans doute pas. Une seule chose est certaine, c'est que chaque femme est capable de mettre son enfant au monde sans le recours à l'anesthésie. Après, savoir si vous en avez envie, et surtout savoir si l'on vous permettra d'aller au bout de l'expérience en respectant votre rythme et celui de votre bébé, c'est presque un autre problème... Et si votre désir est *a priori* d'avoir recours à la péridurale, n'oubliez pas de laisser une petite porte entrouverte sur la possibilité de vous en passer. On ne sait jamais, un accouchement très rapide, une contre-indication de dernière minute... Il vous faut absolument l'envisager afin de vous préparer à toutes les éventualités et être capable de rebondir sur l'acceptation de la douleur. « Je n'ai pas le choix, bon, je fonce et je m'adapte à ce que mon corps me dit », et non pas « je n'y arriverai jamais, c'est foutu, si j'étais venue une heure plus tôt... » qui vous empêchera d'entrer dans la gestion du processus et le vécu finalement très positif que j'ai très majoritairement retrouvé chez mes patientes préparées dans ce sens.

2 Est-ce que ça fait mal ?

Oui, incontestablement, la douleur est présente à un moment de l'accouchement, plus ou moins marquée selon les femmes. Certaines expriment néanmoins n'avoir

Un brin ***d'histoire de l'accouchement***

La douleur de l'accouchement est une préoccupation récurrente dans l'histoire des femmes. Longtemps a dominé la réponse justificative, mettant en avant le côté rédempteur de la douleur : devenir mère se mérite, la douleur efface la faute originelle, elle est donc nécessaire à l'accession au statut maternel... On fait ainsi plus que l'accepter, on la valorise.
Les années 1950 et 1960 sont le théâtre d'une révolution dans ce domaine : les femmes se rebellent contre la fatalité de la douleur qui les maintient dans la peur. C'est la révolution de l'accouchement sans douleur portée par le Dr Lamaze et son équipe. On commence à apprivoiser la douleur, dont le processus est de mieux en mieux compris, et surtout, la société admet enfin que la douleur n'est pas indispensable au devenir mère. Le chemin est tracé dans les mentalités, les progrès techniques de lutte contre la douleur peuvent s'implanter, celle-ci étant désormais reléguée au rang de symptôme nocif. L'anesthésie péridurale arrive discrètement en 1975, puis s'étend largement dans les années 1980 et 1990. Au cours de cette période, la norme est devenue l'analgésie, amenant souvent la suppression de toute sensation et de toute possibilité de mobilité. C'est alors qu'est apparue la frustration... Ne rien sentir, finalement, ce n'est pas la panacée. Mécaniquement, bébé a du mal à descendre, et moralement, maman a du mal à se sentir mère. Jamais contentes, me direz-vous ?
Et si tout simplement il n'y avait pas de norme, de standard, de solution universelle ? Et si les femmes avaient le choix d'aborder cet événement avec leurs propres désirs, nourris de leur histoire, de leur rapport au corps, de leur préparation psychologique ?

ressenti aucune douleur importante ; il y a des diversités physiologiques, et aussi des variations psychologiques. Avoir très peur et ne pas avoir réfléchi, discuté, travaillé sur le vécu à venir de la mise au monde est un élément qui souvent sera générateur de douleur. Avoir réfléchi sur ses désirs profonds et être dans un contexte rassurant et serein limitera certainement la perception de la douleur.

3 À quel moment a-t-on mal (si on a mal !) ?

Ce sont les contractions qui génèrent la douleur, alors que l'instant le plus redouté est invariablement le passage de l'enfant à la vulve. Il est vrai ce moment est presque inconcevable en dehors du contexte... Les tissus sont rendus très élastiques par les hormones de fin de grossesse, et le besoin impérieux de pousser l'enfant soulage plus qu'il ne fait mal.

☑ *ma* to-do list

les 4 phases
de l'accouchement

Parole
de sage-femme

“Vous verrez, vous ressentirez spontanément la nécessité de ces mouvements de rotation du bassin sans avoir à y réfléchir...”

L'accouchement est un processus long, qui comprend plusieurs étapes : la dilatation du col grâce aux contractions de l'utérus, l'entrée de l'enfant dans le bassin, sa descente puis le passage du périnée et de la vulve. C'est l'ensemble de ce cheminement que l'on appelle « le travail ».

1 Le col utérin : l'effacement et la dilatation

Le col est un canal d'environ 4 cm de long, fermé aux deux extrémités et de consistance plus ou moins tonique. Il constitue le premier cap que le bébé doit franchir. Pour que cela soit possible, ce col doit disparaître en s'effaçant (de plus en plus court jusqu'à être une toute fine épaisseur) et en se dilatant (en s'ouvrant sur un diamètre de plus en plus large jusqu'à environ 10 cm). Ce sont les contractions du muscle utérin qui créent ces modifications. Plusieurs heures sont nécessaires pour atteindre la fameuse « dilatation complète » qui permettra à l'enfant d'aborder l'entrée dans le bassin maternel.

En pratique :

Vous devez aider votre corps dans ce processus. Tout d'abord, évitez de rester allongée. La verticalité permet au bébé d'appuyer sur le bas de l'utérus en sollicitant ainsi les fibres du col en cours de dilatation. Des mouvements de rotation du bassin (par exemple en vous asseyant sur un ballon), mais aussi la marche, permettent cette stimulation.

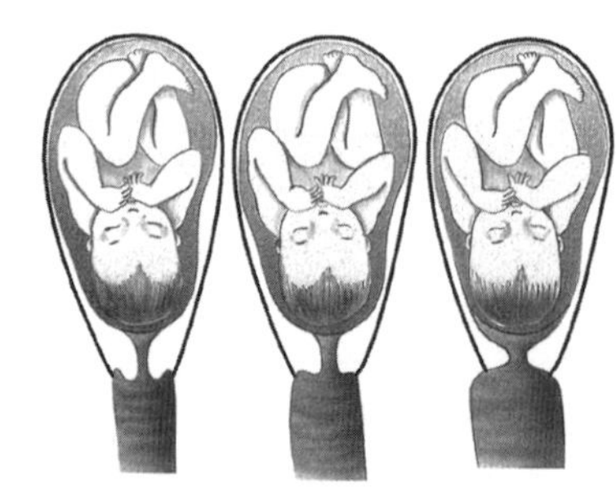

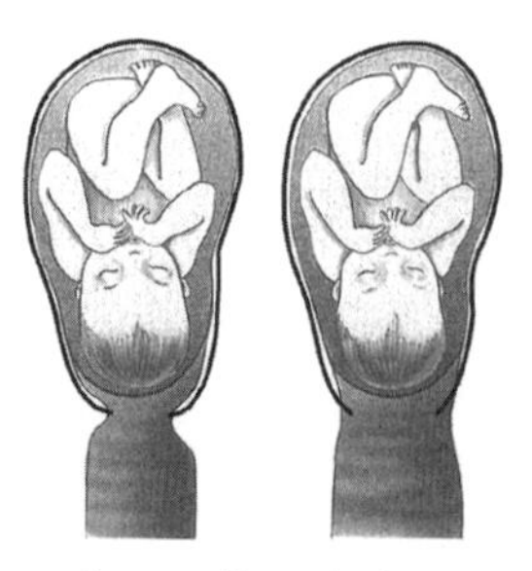

Effacement et dilatation du col.

2 L'entrée dans le bassin : l'engagement

Une fois le col disparu, bébé va entamer son entrée puis sa descente dans votre bassin. Le diamètre de sa tête étant proche de celui de l'ouverture du bassin (frontière osseuse appelée le « détroit supérieur »), l'enfant va devoir s'adapter au cap à franchir. Tout est prévu : les os de son crâne ne sont pas soudés entre eux et sont suffisamment mous pour se modeler. En outre, la tête de bébé va osciller de droite à gauche pour chercher à se faufiler. Une merveille. De son côté, le bassin est très mobile, et l'imprégnation hormonale du dernier mois de grossesse relâche les ligaments, permettant une ouverture maximale du bassin.

▶ En pratique :

De nouveau, vous allez aider activement votre enfant à trouver son chemin. Sans péridurale, vous serez encore mobile à ce stade et ressentirez le besoin de remuer votre bassin. Comme je le dis toujours, il faut « tortiller des fesses » le plus possible pour apporter des solutions mécaniques à l'enfant. Si vous avez une péridurale, la spontanéité de la mobilité sera moindre. C'est donc consciemment qu'il faudra vous mobiliser, changer de position et... « tortiller des fesses ». Nulle n'y échappe !

3 La descente dans le bassin

Une fois entré dans le bassin, le bébé va descendre en tournant, guidé par un puissant muscle qui tapisse l'arrière du bassin. Il va se retrouver ainsi dans la grande majorité des cas le nez vers l'arrière du bassin, l'occiput sous la symphyse du pubis.
Au cours de cette étape, vous allez sentir une toute nouvelle sensation, la pression du bébé, un peu comme si vous aviez envie d'aller aux toilettes : c'est sa tête qui fait son chemin. Essayez de ne pas contracter les fesses et l'anus, pensez à l'accompagner en respirant lentement et profondément.
Surtout pas de panique, il faut absolument lui laisser le temps de progresser en laissant le bassin bien ouvert.

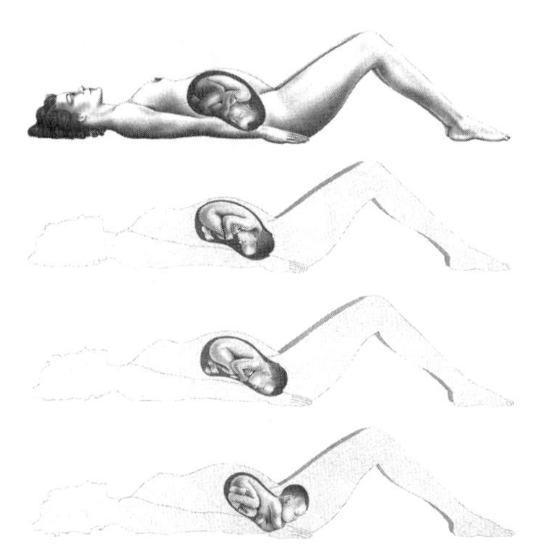

▶ En pratique :

Pour favoriser cette descente, il suffit tout simplement de lui laisser la place : ouvrir au maximum le bassin et détendre le muscle guidant l'enfant. En position allongée, la plus fréquemment utilisée en maternité à ce stade, mettez-vous sur le côté, la jambe supérieure pliée reposant sur un traversin ou un coussin d'allaitement. C'est en fait la position que vous adoptez sans doute pour dormir la plupart du temps. Vous pouvez faire l'essai dès maintenant pour sentir la différence de sensation sur les fesses et l'anus lorsque vous êtes dans cette posture et lorsque vous êtes sur le dos, les genoux généralement tournés vers l'extérieur.

4 L'expulsion

La tête du bébé arrive sur la vulve, on peut apercevoir ses cheveux. Son menton contre sa poitrine, c'est l'arrière de son crâne qui se présente en premier. À ce moment, il va, sous l'effet des contractions et surtout de votre irrépressible envie de pousser, défléchir, redresser sa tête et sortir peu à peu son visage : son front, ses yeux, son nez, sa bouche et son menton, un peu comme on enfile un pull à col roulé un peu serré... Puis suivront ses épaules, dont le diamètre est moindre malgré nos représentations, et enfin le reste de son corps.

les 4 questions que vous vous posez sur le déclenchement

Conseil de pro

Attention, il n'est pas question ici d'un enfant en haut des courbes de normalité que l'on prévoit « dodu », mais bien d'un fœtus « hors courbes », dit « macrosome ».

Le déclenchement artificiel du travail consiste à provoquer et diriger un travail d'accouchement avant qu'il ne débute spontanément. On ne connaît qu'un moyen de faire ouvrir « la porte » : provoquer des contractions utérines chez la mère grâce à l'injection de l'hormone ocytocine, en espérant que son action fera dilater le col.

1 Pourquoi déclencher ?

L'équipe médicale vous proposera ce geste si votre santé et/ou celle de votre bébé est en danger du fait de la poursuite de la grossesse. Voici quelques raisons rencontrées, sachant que cette liste n'est en rien exhaustive.

Le terme théorique de la grossesse étant dépassé, le risque que le placenta vieillisse et ne nourrisse plus l'enfant suffisamment augmente. En France, la communauté médicale recommande de surveiller la mère et l'enfant toutes les 48 heures dès le jour du terme échu, et de déclencher l'accouchement au plus tard à 42 SA, soit une semaine après la date du terme théorique.

La décision de déclencher l'accouchement pourra être prise dès lors qu'apparaîtra une complication sévère de l'état de la mère et/ou du fœtus : une pré-éclampsie qui va en empirant, un bébé dont la croissance est interrompue par défaut d'alimentation *in utero*...

Il peut arriver (c'est rare) qu'un bébé grossisse beaucoup trop et que son poids de naissance fasse craindre un problème mécanique important si on le laisse aller à terme. L'accouchement sera alors provoqué 3 semaines à un mois avant le terme théorique pour limiter les risques.

2 Comment s'y prend-on ?

Personne n'a découvert la formule magique qui permettrait de déclencher un accouchement à la demande à coup sûr... Comme je l'ai dit plus haut, on ne connaît qu'une seule méthode, qui consiste à injecter un produit médicamenteux qui va provoquer la contraction de l'utérus et donc ouvrir le col... Ou pas... Ce n'est en effet pas si simple : après plusieurs décennies de pratique, on est parvenu à la conclusion que le col de l'utérus ne se « force » pas ; pour qu'il consente à s'ouvrir, il faut qu'il soit déjà mûr, prêt à réagir. Lorsqu'il ne l'est pas, on a recours à une étape préalable : on pose dans le fond du vagin, contre le col, un tampon imbibé d'hormones (prostaglandines) qui s'appelle actuellement (en 2011) Propess®. On le laisse agir le temps nécessaire (jusqu'à 12 heures) en restant en surveillance à la maternité. Ce geste peut à lui seul suffire à provoquer le début du travail. Dans le cas contraire, la perfusion prendra le relais.

3 Y a-t-il des risques au déclenchement ?

Il existe évidemment un risque non négligeable que le col ne se dilate pas comme prévu... La médecine n'est pas de la magie ! Il se peut également que le bébé supporte mal les contractions alors qu'il n'était pas prêt à les subir ; il faudra, dans un cas comme dans l'autre, avoir recours à une césarienne. Nous avons vu que le déclenchement n'est proposé que quand la poursuite de la grossesse est dangereuse pour la mère et/ou l'enfant. Le risque est donc pris en connaissance de cause, l'objectif final étant de toute façon d'apporter un bénéfice en terme de santé.

4 Est-ce plus douloureux ?

Les contractions induites par l'ocytocine injectée sont d'emblée plus fortes, parce qu'elles se produisent alors que le corps n'a pas eu le temps de s'adapter à des contractions utérines qui vont crescendo. C'est la raison pour laquelle l'anesthésie péridurale est proposée systématiquement et précocement lors d'un déclenchement.

ma to-do list

Important

Il semble assez scabreux de vouloir déclencher un accouchement sans raison sérieuse !

les 4 positions pour accoucher

Parole
de sage-femme

“Cette spontanéité est malheureusement rarement respectée dans nos maternités. La culture « allongée sur le dos les jambes dans les étriers » reste tenace, même si le monde médical est désormais convaincu de ses inconvénients sur la mécanique de l'accouchement. L'idéal sera d'échanger avec la sage-femme le jour venu afin de concilier vos désirs et les contraintes imposées par les techniques utilisées (surtout en cas d'anesthésie péridurale). Si rien n'entrave votre liberté posturale, vous découvrirez que votre corps sait exactement comment faire...”

La meilleure position pour accoucher est incontestablement celle qui est spontanément choisie par la femme au moment de la mise au monde de son enfant...

1 La position « gynécologique »

Allongée sur le dos, jambes dans les étriers, c'est la posture que nous avons considérée comme la meilleure et la seule concevable pendant longtemps. Elle reste majoritairement utilisée en maternité, alors qu'elle présente beaucoup d'inconvénients tant mécaniques que de confort pour la maman et le bébé. Si elle vous est proposée, quelques adaptations seront nécessaires. C'est évidemment la sage-femme qui veillera à la justesse de la position ; cependant, vous ou votre conjoint pouvez l'aider par vos suggestions : vos fesses un peu surélevées afin d'éviter une tension inutile du périnée, les genoux tournés vers l'intérieur pour ouvrir le bas du bassin, l'angle buste-fémur inférieur à 90° pour éviter la cambrure, et le buste horizontal et non relevé en position assise. Vous devez être confortablement installée, c'est important.

2 La position allongée sur le côté

Cette position est la position « anglaise », reprise par le Dr Bernadette de Gasquet. C'est la posture alternative la plus facilement acceptée à ce jour en maternité. Elle est en effet compatible avec l'utilisation de la péridurale et de tout son arsenal de surveillance technique. Il faut cependant que la position soit juste, genou supérieur bien remonté pour éviter la cambrure et tourné vers l'intérieur pour ouvrir le bas du bassin. Cette position facilite l'ouverture du bassin et la détente des muscles pendant la descente de bébé, et est beaucoup plus agréable.

3 La position à quatre pattes

Spontanément choisie par beaucoup de femmes laissées libres de leurs mouvements, cette posture présente de nombreux avantages mécaniques : ouverture du bas du bassin, allégement de la pression sur le périnée qui peut ainsi être bien détendu pour faciliter le passage de bébé, libération de la mobilité du coccyx en arrière qui est naturellement et sans contrainte refoulé par la tête du bébé lors de son passage.

4 La position en suspension

Elle peut également être très agréable pour la mise au monde. La suspension allège le poids sur le périnée et permet une ouverture du bassin lorsque les genoux sont tournés vers l'intérieur. Elle peut être adaptée accroupie ou debout. Nécessitant un appui sur les jambes, ces postures ne sont possibles que sans la péridurale. Elles sont peu proposées en maternité, mais certainement pas impossibles. Là encore, essayez, demandez, échangez avec la sage-femme pour qu'elle vous guide dans la posture la mieux adaptée à votre accouchement.

☑ ***ma***
to-do list ______

les 3 raisons de proposer une césarienne

Conseils de pro

• La césarienne est une intervention chirurgicale, pratiquée sous anesthésie locale (sauf grande urgence), afin que la mère ne soit pas privée du vécu de la mise au monde et que le bébé soit épargné par le produit anesthésiant. Sous anesthésie générale, le médicament, injecté par voie veineuse, passe le placenta et risque d'endormir un peu l'enfant qui aura plus de difficultés à s'adapter au milieu extérieur.

• Plusieurs raisons légitiment le fait de ne SURTOUT pas faire une radio de façon systématique : les clichés donnent une mesure figée des dimensions du bassin, ne tenant pas compte de la laxité ligamentaire de la fin de la grossesse. Il y aurait infiniment trop de suspicion d'étroitesse de bassin par rapport à la réalité. De plus, le coût élevé et l'accaparement des scanners sans nécessité absolue poseraient un réel problème de santé publique.

La césarienne n'est en principe proposée que lorsque toutes les possibilités de passage de l'enfant par les voies naturelles ont été écartées, la « voie basse » étant bien entendu toujours privilégiée du fait de ses moindres risques.
La technique de la césarienne est simple, très bien maîtrisée par les obstétriciens et présente dans nos pays peu de risques opératoires.

1 La césarienne programmée

Parfois, la césarienne est prévue à l'avance car l'accouchement par les voies naturelles est impossible ou présente trop de risques pour la mère ou pour l'enfant. C'est le cas si vous avez eu déjà deux césariennes ou plus. Des contractions d'accouchement seraient trop éprouvantes pour la cicatrice.
Certains bébés peuvent être jugés trop fragiles pour supporter les contractions, s'ils présentent des maladies ou des malformations. C'est rare, mais pas impossible ; ce peut être le cas pour un enfant très petit par rapport à la normale de son âge gestationnel.
Si un obstacle gêne l'entrée dans le bassin, il sera impossible d'éviter la césarienne : le placenta est inséré trop bas et recouvre la zone du col utérin, cela s'appelle un « placenta prævia ».
L'enfant peut se présenter dans une position transversale incompatible avec son engagement, comme couché dans un hamac. Son entrée dans le bassin maternel est alors totalement exclue. Un enfant se présentant par le siège peut être une cause de programmation de césarienne, soit de façon arbitraire s'il s'agit d'un premier enfant, soit pour une réelle cause d'incompatibilité avec le bassin (*cf.* page 127).

Reste la raison la plus évidente : le bassin trop petit. Cette cause est rare, et en général retrouvée *a posteriori*. On me pose souvent la question de l'intérêt d'une radio de bassin avant l'accouchement pour éviter les mauvaises surprises.

2 Pendant le travail, sans urgence

Il peut arriver que la dilatation du col stagne avant la dilatation complète. La porte restant fermée, le bébé n'aura aucune chance de pouvoir accéder au bassin de sa mère. Après avoir tenté plusieurs mouvements et remèdes, si la situation n'évolue pas, il faudra se résoudre à la césarienne.
Le col dilaté, il se peut que le bébé ne s'engage pas dans le bassin. Il peut s'agir d'une disproportion entre le volume de la présentation de l'enfant et l'ouverture du bassin. Il va alors falloir tout mettre en œuvre pour favoriser l'ouverture maximale du détroit supérieur du bassin et permettre au bébé de s'y faufiler.
Si la disproportion est avérée, alors il y aura césarienne, mais vous aurez tout tenté pour donner sa chance à votre bébé d'y arriver.
Une dernière cause, rarissime, peut nécessiter une césarienne sans qu'il n'y ait d'alternative possible : une fois la poche des eaux rompue, la sage-femme, au toucher vaginal, découvre que le bébé présente son front en avant. Ce diamètre est toujours incompatible avec l'engagement dans le bassin. C'est tout simplement un vrai coup de pas de chance, personne n'y peut rien...

3 En urgence, avant ou pendant le travail

C'est la situation la plus stressante, pour vous mais aussi pour votre conjoint. Le bébé présente une souffrance découverte par l'altération brutale du rythme de son cœur, qui diminue de fréquence sans récupérer. Il faut alors partir au bloc opératoire très rapidement afin que l'enfant naisse sans présenter de séquelles. Dans ces conditions, toute l'équipe est mobilisée. Le conjoint, lui, est souvent mis sur la touche sans que personne n'ait le temps de lui fournir d'explications précises, la priorité absolue allant à la promptitude de l'intervention.

☑ ma to-do list

____

____

____

____

____

____

____

____

____

____

____

____

✔ Pour le papa

Dès l'enfant né, son papa sera invité à venir le voir, mais il lui faudra souvent quelque temps et des explications de l'équipe pour s'apaiser. Quatre gouttes de *Rescue*® prises dans ces instants de stress seront alors d'une grande aide.

les 4 questions
que vous vous posez sur la césarienne

Philippe,
36 ans

“Louise est née par césarienne. Alors pendant que ma femme était en salle de réveil, je me suis installé dans la chambre avec ma fille. La sage-femme m’a tout de suite proposé de faire du « peau à peau », pour un contact précoce avec mon bébé. Des liens très forts se sont tissés dès les premiers instants, au cours de ce contact physique.”

La césarienne est une intervention chirurgicale, il y a donc des précautions et des préalables incontournables afin qu’elle se déroule dans les meilleures conditions. L’équipe vous énoncera les spécificités du service, cependant, voici quelques éléments récurrents.

1 La présence du conjoint au bloc opératoire

Encore fréquemment possible il y a quelques années, il est désormais exceptionnel que l’équipe chirurgicale accepte la présence du conjoint au bloc opératoire. La multiplication des infections nosocomiales – contractées à l’intérieur de l’hôpital –, rend les protocoles d’hygiène de plus en plus restrictifs. Si l’on vous programme une césarienne, n’hésitez pas à poser la question de la présence de votre conjoint à l’obstétricien, on ne sait jamais. Certaines équipes le permettent encore. C’est évidemment beaucoup plus agréable d’être ensemble pour l’arrivée de votre enfant. Dans le cas d’une césarienne en urgence, l’accompagnement au bloc est totalement proscrit, car on privilégie la rapidité.

2 La préparation de la césarienne programmée

La plupart du temps, vous êtes invitée à entrer à la maternité en fin d’après-midi, pour une césarienne le lendemain matin. Le soir, à l’entrée, on fait le point sur le dossier médical avec la sage-femme, on prend un repas léger avant un jeûne strict dès minuit. On procède à un rasage complet du pubis pour éviter que des poils ne soient vecteurs d'infection lors de la césarienne. C'est le matin de bonne heure, après une douche à la Bétadine®, que la sage-femme ou l'infirmière viendra poser la perfusion, préalable à tout passage au bloc. C'est en général un sérum glucosé qui passe doucement, juste pour maintenir une voie d'abord, qui servira au cours de l'intervention. Le passage au bloc se fait en lit, vêtue d'une petite chemise qui s'attache dans le dos. L'anesthésie locale, la « rachianesthésie », est posée au bloc sensiblement selon la même technique que la péridurale. Il faut savoir qu'il fait froid au bloc opératoire, alors ajoutez-y un peu d'appréhension, et ce sont les tremblements garantis ! Heureusement, bébé n'est plus très loin.

3 Le déroulement

Une fois posée la sonde urinaire qui évitera de blesser la vessie pendant l'intervention, l'obstétricien va badigeonner très largement le ventre avec un désinfectant coloré. Il commencera alors l'opération après s'être assuré (heureusement !) de l'efficacité de l'anesthésie. L'incision est faite juste au-dessus du pubis, sur une dizaine de centimètres. Le bébé naîtra 10 à 15 minutes plus tard. La sage-femme aura le privilège de recevoir l'enfant des mains du chirurgien dans un petit lange tout chaud, et viendra immédiatement vous présenter votre petit d'homme... Vous ne pourrez pas le garder très longtemps car, comme je l'ai évoqué, il fait un peu trop froid au bloc. En revanche, votre conjoint, qu'il soit avec vous ou à la porte de la salle, accompagnera les premiers soins de son bébé. Il faudra malheureusement patienter pour que votre petite famille soit enfin réunie : vous devrez faire un séjour en salle de réveil de 2 heures pendant que bébé et papa attendront dans la chambre.

4 Les suites

Les suites opératoires sont en principe peu douloureuses. Si nécessaire, les antalgiques sont de toute façon compatibles avec la mise en route de l'allaitement. Perfusion et sonde urinaire sont laissées en place 24 heures, puis vous commencerez doucement à vous mobiliser : assise au bord du lit le 1er jour, au fauteuil, puis peu à peu capable de vous déplacer pour aider au bain de bébé (au 3e jour en général). La durée de séjour est prolongée à 5 ou 6 jours selon votre forme.

☑ **ma**
to-do list ____________

____

____

____

____

____

____

____

____

____

____

____

✔ Pour le papa

La place du père au bloc, lorsqu'elle est possible, est à la tête de la femme, avec l'anesthésiste, et le papotage est conseillé ! Un grand tissu isole du regard la zone du ventre, il n'y a donc pas à craindre d'être confronté à la vue de l'acte chirurgical.

les 4 interventions pour aider bébé à naître

Parole
de sage-femme

“Avant l'arrivée de l'obstétricien pour qu'il intervienne, vous pouvez agir : il faut tenter d'ouvrir le bas du bassin pour « débloquer » la tête de votre bébé. Les problèmes mécaniques se rencontrent souvent lorsque l'on est allongée sur le dos, les genoux écartés. Le bas du bassin, zone un peu réduite par deux saillies osseuses appelées « épines sciatiques », est alors en position fermée. Le fait de ramener les genoux vers l'intérieur, voire même, si c'est possible, de se tourner sur le côté, peut faire gagner les quelques millimètres qu'il manque au bébé pour les franchir. Toute mobilisation à cette étape peut être déterminante, par activation des muscles du bassin et modification des diamètres d'ouverture. Demandez à bouger, à vous retourner, prenez-en l'initiative. J'ai bien souvent des patientes qui me racontent que le bébé est ainsi arrivé avant le gynéco ! Et c'est en général le conjoint qui y pense. Monsieur, à vous de jouer !”

Bébé s'est engagé dans le bassin, et sa progression s'interrompt... Cela peut arriver, du fait d'un cap un peu rétréci de votre bassin ou d'un défaut dans l'orientation de la tête fœtale. La sage-femme, après avoir essayé avec vous différentes postures d'ouverture du bassin, appellera le médecin de garde pour qu'il aide la descente du bébé. Trois instruments peuvent être utilisés : le forceps, les spatules ou la ventouse. L'épisiotomie n'est pas une manœuvre instrumentale, mais c'est un geste qui peut être nécessaire en accompagnement de celle-ci.

1 Le forceps

Il s'agit d'une paire de cuillères métalliques reliées par le manche, qui vont venir encadrer la tête de l'enfant. L'idée est d'ajouter une force de traction sur le bébé à celles de la contraction utérine et de la poussée de la femme. La pose de forceps est un peu plus fréquente dans le cadre d'une anesthésie péridurale très fortement dosée, car les muscles du bassin sont moins réactifs pour propulser l'enfant ; la femme ne ressent pas l'envie de pousser et la mobilité de la femme est moindre. La pose de forceps provoquant un écartement plus important au niveau de la vulve, elle impose généralement la pratique d'une épisiotomie.

2 Les spatules

Ce sont deux cuillères cette fois indépendantes qui, placées à nouveau de part et d'autre de la tête de l'enfant, vont aider à sa rotation et son orientation et lui permettre ainsi de se débloquer. Seul le médecin qui intervient est capable de juger de la pertinence du choix de l'instrument.

3 La ventouse

Comme son nom l'indique, il s'agit d'une petite ventouse qui sera placée sur le crâne du bébé et aidera à orienter la tête dans le bon axe et à la tirer si nécessaire. L'écartement de la vulve est bien moindre, l'épisiotomie n'est donc pas systématique.

4 L'épisiotomie

Il s'agit de l'incision des muscles du périnée et de la paroi vaginale au moment de la sortie de la tête du bébé. Elle se pratique quand les muscles et la peau de la vulve sont tendus au maximum de leur élasticité et créent un obstacle à la progression du bébé. Seule la personne qui veille à votre accouchement peut juger de la pertinence de la pratiquer. En France, l'habitude de l'épisiotomie est très tenace, et il est désormais reconnu par toute la communauté médicale qu'on la pratique trop souvent. Notre culture du risque nous nuit, et les sages-femmes ont longtemps été formées dans la croyance qu'une épisiotomie protégeait le périnée de la femme de délabrements graves. Les temps changent, le geste systématique est obsolète, et de plus en plus de femmes en sont épargnées, même pour leur premier bébé.

☑ ***ma***
to-do list

les 4 éclairages sur le placenta et la délivrance physiologique

> Jérémie,
> 34 ans
>
> *“La sage-femme m’a proposé de voir le placenta après la délivrance. Je ne m’attendais pas du tout à cet aspect-là. J’ai trouvé cela très intéressant de voir les membranes, le cordon, les vaisseaux sanguins. Ma compagne, elle, n’a pas eu du tout envie de regarder !”*

Considéré – avec raison – comme l’organe nourricier et le compagnon de l’enfant durant sa gestation, des noms évocateurs lui étaient autrefois donnés : le lit, le gâteau, la nourrice... Mais quel est donc ce mystérieux organe, qui « délivre » la femme en fin d’accouchement ?

1 Le placenta, qu’est-ce que c’est ?

Concrètement, le placenta est un amas de cellules rassemblées sous la forme d’une grosse galette qui atteint en fin de grossesse une vingtaine de centimètres de diamètre sur une épaisseur de 3 cm environ. Sa masse, proportionnelle à celle du bébé, fait environ 1/6e de celle-ci, soit 500 g pour un nouveau-né de 3 kg. C’est un constituant essentiel sans lequel le développement du bébé ne serait pas possible. Il débute son organisation et son développement dès l’implantation de l’œuf sous le nom de « trophoblaste » et prend sa forme définitive à la fin du 3e mois. Il est l’organe responsable des échanges entre les sangs maternel et fœtal, c’est-à-dire que la croissance et l’oxygénation du fœtus dépendent exclusivement de son bon fonctionnement. De plus, il secrète des hormones, prenant le relais des ovaires dès le 4e mois de la grossesse dans cette fonction glandulaire. Agissant comme un filtre protecteur, il va empêcher le passage de toxines ou d’agents infectieux, protégeant ainsi le bébé de diverses contaminations.

2 La délivrance

Quand l’enfant est né, il prend peu à peu son autonomie respiratoire et circulatoire. Dès lors,

le placenta, qui n'a plus de raison d'être, va être évacué. C'est la délivrance, terme symbolisant bien l'importance de ce moment : le risque encouru par la femme s'estompe presque totalement avec la sortie placentaire.
La délivrance naturelle, qui se déroule sans intervention externe, débute en moyenne 20 minutes après l'accouchement. Après une période de calme du corps, l'utérus se contracte et provoque le décollement du placenta. La masse placentaire ainsi « décrochée » glisse dans la cavité utérine jusqu'à l'orifice du col. Il suffit alors à la sage-femme de faire une légère traction sur le cordon qui a été préalablement sectionné pour faire sortir le placenta. Cette étape n'est en principe pas douloureuse, à peine peut-elle être désagréable si une pression sur votre ventre est nécessaire.
Si vous avez eu recours à l'anesthésie péridurale, on pratique une délivrance dite « artificielle » : on injecte une dose conséquente d'ocytocine au moment de la naissance du bébé, qui provoque dans la foulée le décrochage du placenta.
Le placenta est recueilli dans un plateau et attentivement examiné par la sage-femme qui a pratiqué l'accouchement : son intégrité garantit quasiment l'absence de complications dans les suites immédiates.

3 Les anomalies possibles

L'un des problèmes liés au placenta peut venir de son implantation trop basse sur la paroi utérine qui lui fait ainsi, partiellement ou totalement, recouvrir l'orifice du col de l'utérus. Organe très vascularisé, le placenta risque de provoquer des saignements abondants, voire des hémorragies pendant la grossesse qui obligent à faire naître l'enfant par césarienne. Celle-ci peut aussi s'imposer en raison de l'impossibilité du passage de l'enfant : on appelle cette pathologie le « placenta prævia ».
Une maturation précoce du placenta peut nécessiter une surveillance accentuée de la fin de la grossesse. On la remarque lors de la dernière échographie, généralement dans un contexte de retard de croissance du bébé : de petites images blanches parcourent le placenta, témoins de la présence de multiples calcifications de capillaires sanguins qui freinent les échanges avec le bébé. Il faudra dans ce cas surveiller régulièrement l'enregistrement du rythme cardiaque du bébé par monitoring au cours du 9e mois.
Le décollement du placenta est une urgence imposant la naissance de l'enfant par césarienne avant qu'il ne manque d'oxygénation – si, bien entendu, son âge est compatible avec la vie. Il peut être provoqué par un choc ou par un accès d'hypertension artérielle : c'est l'hématome rétro-placentaire.

4 La nécessité d'intervenir

Si la délivrance, naturelle ou dirigée, ne se fait pas comme attendu, il faut intervenir. La femme encourt en effet un risque de saignements trop abondants puisque l'utérus ne se contracte pas suffisamment.
La sage-femme ou le médecin fait alors ce que l'on appelle une « délivrance artificielle » ; cet acte consiste à décoller le placenta rétif avec la main. Simple à réaliser pour le professionnel, il est douloureux pour la jeune mère ; il ne sera donc jamais pratiqué sans une anesthésie efficace. Si la péridurale continue à agir, on peut intervenir, seule persistera la sensation désagréable du geste. En l'absence d'analgésie (péridurale en fin d'efficacité ou aucune analgésie en place), la délivrance se fera sous anesthésie générale brève.
Si la délivrance s'est faite mais qu'à l'examen on remarque qu'elle est incomplète, il faudra accomplir le même geste, cette fois appelé « révision utérine ». Le déroulement et les précautions sont exactement les mêmes que pour la délivrance artificielle.

Astuce

Pour aider le placenta à se décoller, un « truc » bien connu des sages-femmes est de mettre le bébé au sein. S'il veut bien téter, sa succion entraînera une sécrétion d'ocytocine qui pourra peut-être provoquer le décollement du placenta. La nature est bien faite !

les 3 choses qui peuvent vous faire peur

Parole
de sage-femme

“Si vous êtes bien dans vos sensations, alors l'évidence du langage du corps prend le dessus sur les questions trop « raisonnées » et laisse plus de place à la spontanéité. Cela est d'autant plus vrai que l'on n'a pas de péridurale.”

Souvent, des craintes concrètes apparaissent au fur et à mesure que le terme avance. Ces inquiétudes sont parfois difficiles à exprimer ; en voici trois qui m'ont fréquemment été formulées.

1 J'ai peur d'aller à la selle en accouchant

Cette crainte, je l'ai très souvent entendue exprimée en séances de préparation à naissance. Parfois même en salle de naissance, il m'est arrivé de devoir expliquer que la sensation de poussée correspondait plus à la pression de la tête du bébé sur les muscles en arrière qu'une véritable imminence d'arrivée des selles.
Il est vrai que la sensation est troublante. Pendant la contraction utérine au début, puis presque continuellement sur la fin de la descente, cette pression sur l'anus entraîne de façon quasi réflexe la contraction de retenue. Il faut impérativement détendre l'anus et laisser le bébé descendre, en l'accompagnant par une respiration profonde. Certes, on peut essayer de lutter, mais quelle perte d'énergie ! La descente se fait, plus puissante, et c'est tellement plus agréable d'accompagner cette sensation que de tenter de s'y opposer. S'il y avait des selles dans le rectum, alors oui, elles seront chassées au passage du bébé. On n'y peut rien, et surtout, on s'en moque ! Les selles expulsées n'entreront pas en contact avec le bébé car la trajectoire du dégagement de la tête de l'enfant est différente de celle des selles. De plus, la sage-femme est là et veille à ce que ce contact n'ait pas lieu. Votre conjoint n'est généralement pas placé face à votre vulve et ne verra donc pas les selles. Ce qu'il faut surtout vous dire, c'est que ces craintes sont bien plus présentes avant l'accouchement qu'au moment venu...

2 J'ai peur de crier

Toutes ces inquiétudes viennent de notre peur de perdre le contrôle, de sortir des codes que notre société du moment nous impose... Nous accouchons à la maternité, dans un milieu aseptisé, calme, blanc ; la péridurale gomme la douleur et nous « gardons le contrôle » de nous-mêmes. De plus, il y a d'autres femmes qui accouchent dans les salles d'à côté, on ne veut pas se faire remarquer... Ça, c'est le contexte actuel. L'accouchement, lui, reste l'accouchement, cette explosion de vie, d'énergie, de peurs, de rires, d'écoulements en tout genre... Peut-être aurez-vous besoin de crier au moment où, le bébé arrivant, une énergie incroyable le poussera vers la vie. Il n'y a rien de plus normal. Encore une fois, plus vous laisserez votre corps s'exprimer dans sa spontanéité, mieux l'accouchement progressera. La sage-femme est là pour vous guider, vous accompagner, vous rassurer, vous permettre de sortir des retenues qui vous contraignent. C'est vous et vous seule qui comptez à cet instant-là, les autres s'adaptent...

3 J'ai peur d'être nue sur le lit d'accouchement

Rien ne vous oblige à être dévêtue en salle de naissance. En ce moment, les protocoles d'hygiène préconisent que vous preniez une douche à la Bétadine® avant d'entrer au « bloc obstétrical » (c'est ainsi que l'on nomme les salles d'accouchement), à l'issue de laquelle vous revêtez une chemise qui se ferme dans le dos à l'aide de pressions. Très chic ! Vous la garderez si vous le souhaitez pendant toute la durée du travail et de l'accouchement. Si vous avez choisi la péridurale, vous serez allongée ou assise sur le lit et vous serez recouverte d'un drap. Votre pudeur doit être respectée, et si vous êtes gênée par l'attitude d'un membre de l'équipe, il faut le lui dire, en parler. Un examen par toucher vaginal ne nécessite pas d'ôter le drap et d'exposer votre corps. La sage-femme peut parfaitement le pratiquer sous le drap si vous le souhaitez. J'insiste sur la nécessité d'échanger avec les professionnels qui s'occupent de vous et qui parfois, pris dans le tourbillon de leur activité, peuvent négliger certains égards.

☑ *ma* to-do list

après la naissance

les 5 premiers gestes pour accueillir votre bébé

Justine,
36 ans

“Quand mon petit garçon est né, je l’ai pris contre moi. Je me souviens encore de cette chaleur incroyable que j’ai ressentie. Ce qui m’a étonnée en revanche, c’est qu’il avait une couleur étonnante, un peu « lilas », et surtout il n’a pas crié immédiatement. Heureusement, j’ai vu le regard tranquille de la sage-femme et j’ai compris qu’il n’y avait pas d’alarme. Mon conjoint pleurait à chaudes larmes. Bébé a finalement crié et il est devenu tout rose.”

L’enfant qui vient au monde a besoin de temps pour s’adapter à son nouveau milieu. Imaginez l’importance des changements : de l’obscurité il passe à la lumière, du milieu aquatique à 37 °C il plonge dans l’air frais, il est touché, attrapé, il perçoit tout à coup des sons différents, l’air pénètre dans ses poumons... Quel vertige ! Son repère pour s’apaiser de la violence naturelle de la naissance, c’est vous.

1 Le peau à peau

Dès qu’il est né, l’enfant qui va bien est séché grâce à un linge chaud et doux, pour lui éviter un trop grand refroidissement. La sage-femme va immédiatement, si vous le voulez bien, l’allonger sur votre poitrine. Cet instant peut être exceptionnellement fort. Pour que l’enfant profite de tout le bénéfice de ce geste, il est impératif qu’aucun linge ne vous sépare : sa peau contre la vôtre, il va retrouver votre odeur rassurante. Votre chaleur va lui permettre de maintenir sa température corporelle autour de 37 °C. Son oreille contre votre thorax, il va percevoir les battements de votre cœur, qui ont rythmé sa vie intra-utérine. Ces minutes essentielles permettent au nouveau-né d’apaiser le choc de la naissance et de se détendre rapidement. Cela s’observe dans son attitude : tout d’abord crispé, « en boule », il va très vite se relâcher et s’étendre sur vous.

2 L'adaptation au milieu extérieur

Dans son petit corps, des tas d'adaptations se font : le début de sa respiration, la fermeture de certaines communications dans son muscle cardiaque... Laissons-lui le temps ! Il va parfois lui falloir quelques secondes avant qu'il crie et qu'il devienne rose.

3 Le cordon

Il est encore relié au cordon ombilical qui est inséré sur le placenta, fixé pour le moment au fond de l'utérus. Si l'enfant va bien et ne nécessite aucun geste d'urgence, rien ne presse pour couper ce cordon. On peut attendre que bébé ait pris le relais par sa respiration, alors, n'ayant plus à assurer son rôle de fournisseur en oxygène, il pourra être sectionné. Si votre conjoint veut couper le cordon, il faut qu'il le signale à la sage-femme avant la naissance, afin qu'elle pense à le lui proposer... Sachant qu'il ne s'engage pas ! Bien souvent, pris dans l'émotion de la rencontre, il n'en a plus du tout envie au moment venu. Laissons-le choisir sa façon de vivre cet instant.

4 Les premiers soins

Quelque temps après la naissance, la sage-femme vous demandera si elle peut faire ses soins au bébé. Rien ne presse. Ils se font dans les deux heures qui suivent, c'est-à-dire avant le retour en chambre. Ces soins se font souvent dans une autre pièce car il faut une rampe chauffante pour que l'enfant ne se refroidisse pas, mais rassurez-vous, votre conjoint l'accompagne s'il le souhaite.
Un examen détaillé pour voir si tout est en place, la section du cordon et la pose d'une barrette en plastique (pince de Barr) pour le ligaturer, la pesée, parfois la mesure de sa tête et de sa taille, des vitamines K et D en gouttes dans la bouche : dix minutes environ et votre bébé vous revient.

5 Quand il faut l'aider : les gestes de réanimation

Si bébé a du mal à s'adapter à la vie extra-utérine, il faudra agir vite. Ce n'est pas pour autant que c'est grave, mais un bébé qui n'enclenche pas son processus de respiration a besoin qu'on l'aide.
La sage-femme va alors très rapidement couper le cordon et emmener l'enfant dans la salle de soins afin de faire les premiers gestes urgents. Elle vous ramènera bébé pour profiter du « peau à peau » dès qu'il aura récupéré, s'il ne nécessite pas une prise en charge prolongée.

☑ ***ma***
to-do list

les 5 maladies recherchées par le test du 3e jour

Parole
de sage-femme

« Il ne s'agit que de dépistage, c'est-à-dire qu'un résultat anormal ne signifie pas que votre enfant est atteint de la maladie, mais simplement qu'il faut faire un examen plus précis pour confirmer ou non le diagnostic. Vous ne recevrez pas les résultats s'ils sont normaux."

Autour du 3e jour de vie, on fera une prise de sang au talon de votre bébé. Cet examen est pratiqué depuis 1975 chez tous les bébés naissant en France. Par ce test, on cherche à détecter certaines maladies graves qui, sans repérage précoce, empêcheraient votre enfant d'avoir un développement normal. La sage-femme ou l'infirmière puéricultrice va donc recueillir sur un papier buvard quelques gouttes de sang qui seront analysées dans un laboratoire spécialisé.

1 La phénylcétonurie

Cette maladie touche environ 1 bébé sur 16 000. Elle est due à l'accumulation d'un composant de l'alimentation dans l'organisme que le bébé atteint est incapable d'assimiler. Cette substance, la phénylalanine, empêche le cerveau de se développer normalement si sa concentration est trop élevée. L'enfant dépisté dès les premiers jours de vie aura un développement parfaitement normal grâce à la mise en place d'un régime alimentaire poursuivi au cours de sa petite enfance.

2 L'hypothyroïdie congénitale

Cette maladie touche environ 1 bébé sur 4 000. La glande thyroïde du bébé qui en est atteint sécrète insuffisamment l'hormone thyroxine, indispensable au bon développement de l'enfant. L'administration quotidienne de cette thyroxine permet de corriger la déficience et l'enfant ne connaîtra alors aucun retard physique ni intellectuel.

3 L'hyperplasie congénitale des surrénales

Cette anomalie touche environ 1 bébé sur 16 000. Il s'agit cette fois d'un fonctionnement anormal des glandes surrénales. L'enfant présentant cette maladie peut connaître de graves accidents de déshydratation et sa croissance peut être perturbée. Le traitement, qui devra être maintenu à vie, repose sur l'administration d'hormones surrénaliennes et permet un parfait développement de l'enfant.

4 La drépanocytose

Cette maladie, responsable d'anémies graves, d'infections et de crises douloureuses, est due à une anomalie d'un élément du globule rouge, l'hémoglobine. Fréquente dans les départements d'outre-mer et d'Afrique noire, la maladie est dépistée chez tous les nouveaux-nés originaires des pays à risque. Les traitements ne guérissent pas la maladie, mais permettent de mieux prévenir les complications infectieuses et d'être plus vigilant à la douleur de l'enfant.

5 La mucoviscidose

Cette maladie génétique touche environ 1 bébé sur 3 500. Le dépistage utilisant une technique spécifique de biologie moléculaire, il vous faudra donner une autorisation écrite pour qu'il soit réalisé. La mucoviscidose engendre principalement des problèmes pulmonaires, et son diagnostic clinique est difficile. Même si la maladie est incurable, sa prise en charge précoce permet d'assurer à l'enfant un meilleur confort de vie.

☑ *ma* to-do list

les 5 conseils pour réussir la première tétée

Parole
de sage-femme

“Surtout, ne plaquez pas la tête de votre bébé contre votre sein. Ce mouvement forcé, qui pourtant part d’un bon sentiment, va au contraire entraîner un réflexe de recul. Cela va stresser bébé et vous aussi, car le voir repousser le sein vous donnera l’impression d’un refus alors qu’il ne s’agit que d’un simple réflexe. Essayez, pour comprendre, d’appuyer sur la tête de votre conjoint lorsqu’il s’apprête à boire, vous verrez qu’il aura la même réaction... Attention, c’est vous qui prenez le risque, ne dites pas que c’est moi qui ai proposé l’expérience !”

La première tétée au sein est très importante, pour bébé comme pour vous. D’un point de vue nutritionnel, relationnel et aussi pour préserver vos bouts de seins, ce premier contact est primordial. Quelques règles d’or pour bien en profiter : prendre son temps, bien s’installer, respecter le rythme de votre nouveau-né...

1 La sensation

Quand bébé va attraper le sein la première fois, vous verrez, c’est une drôle de sensation. Parfois, oui, cela peut être un peu douloureux, mais plus du fait de la surprise que d’une réelle douleur. Il faudra veiller à ce que votre enfant n’attrape pas juste le bout de sein, mais bien une « grosse bouchée de sein » comprenant une partie de l’aréole. Bien positionné de cette façon, il n’y aura en principe pas de sensation douloureuse.

2 Le bon moment

Un nouveau-né va spontanément chercher à téter environ 30 minutes après sa naissance. Mais rien n’est figé ! J’en ai parfois rencontré qui tétaient consciencieusement – voire avec voracité – dans leurs dix premières minutes de vie, tandis que d’autres ne se penchaient sérieusement sur cette activité, somme toute fatigante, que plusieurs heures après leur naissance. Plusieurs éléments guident le bébé vers le sein – aréole du sein plus sombre, molécules odorantes des petits tubercules apparus sur le bout de sein, « réflexe de fouissement » –, et c’est seulement quand votre enfant aura pris le temps d’arriver, de se détendre sur vous et de montrer des signes de recherche du sein qu’il sera temps de le lui proposer.

3 L'installation

La position du bébé est importante pour qu'il ne provoque pas des petites gerçures, les crevasses, sur votre bout de sein. Il faut impérativement que son visage soit dans l'alignement de son thorax, c'est-à-dire que sa tête ne soit pas tournée d'un côté ou de l'autre... Essayez vous-même de déglutir avec la tête tournée : ça ne marche pas ! Ainsi positionné, bébé ne lâchera pas le sein pour déglutir mais le tirera avec force, risquant ainsi de provoquer des petites lésions qui deviendront vite douloureuses. Il faut également que vous soyez bien confortablement installée, sans tension dans vos épaules ou votre dos. Aidez-vous de coussins pour soutenir vos bras et votre enfant.

4 Les étapes

Le nouveau-né commence en général par « renifler » le sein, le lécher un peu, comme pour goûter... Il prend doucement contact avec le sein. Laissez-lui le temps de s'imprégner de cette nouveauté. Il va ensuite attraper le bout de sein, souvent sans bien ouvrir la bouche. Ça tire ! Il lâchera le sein et attendra encore un peu avant d'ouvrir grand la bouche et de prendre la fameuse grosse bouchée. De nouveau, laissez-le faire, il peut avoir besoin de temps. Si l'équipe médicale autour de vous vous paraît pressée, demandez-lui de vous laisser essayer seule. Si ça ne marche pas, il sera bien temps de vous faire aider dans les heures qui suivront.

5 Les signes d'une bonne tétée

Si votre enfant tète bien, qu'il est bien positionné, cela ne fera pas mal. Il aura une grande partie de l'aréole du sein dans la bouche et vous pourrez observer ses lèvres recouvrant largement le sein. Lors de sa succion, vous verrez même bouger son oreille tellement il met d'énergie... Bien entendu, vous l'entendrez déglutir bruyamment, ce qui garantit qu'il tète efficacement.

ma to-do list

___

___

___

___

___

___

___

___

___

___

___

À savoir

La substance très épaisse secrétée par vos glandes mammaires, qui s'appelle le « colostrum », est de couleur jaune orangé. Elle est parfaite pour répondre aux besoins de bébé : c'est un concentré nutritionnel très riche, chargé d'anticorps maternels pour protéger l'enfant dès sa naissance. Elle contient en outre un laxatif qui lui permettra de se purger de ses premières selles, le méconium. Même si vous ne souhaitez pas allaiter par la suite, rien ne vous empêche de donner cette première tétée : vous saurez ainsi ce que cela représente tout en donnant à bébé toutes ces bonnes choses. Il suffit d'en avoir envie !

les 4 conseils pour bien démarrer le biberon

Conseil de pro

De nombreux laits sont sur le marché, tous plus spécifiques les uns que les autres. Anticoliques, antirégurgitations, anticonstipation...
Ne changez pas trop souvent ! Il faut deux semaines à un bébé pour s'adapter à un lait, laissez-lui le temps.
Un nourrisson qui régurgite un peu après un biberon car il a beaucoup bu n'a pas obligatoirement besoin d'un lait spécial.
Demandez conseil avant d'acheter toute la gamme !

Un biberon, ça paraît simple, mais il faut respecter quelques règles pour que cela se passe bien. De nombreuses questions se posent lorsque l'on est tout à coup en situation... Quel lait choisir, quelles quantités donner, quelle eau choisir, quel matériel utiliser ?

1 Respecter des quantités progressives

À la maternité, les biberons donnés à votre bébé sont tous dosés de façon identique. Ils contiennent 90 ml de lait maternisé, ce qui est bien au-delà de la ration d'un nouveau-né. Ils ne sont pas préparés sur place, mais sont conditionnés en usine et livrés sous cette forme. Soyez vigilants : il ne faut pas que votre enfant boive une quantité trop importante. Ce serait mauvais pour son équilibre, et cela entraînerait rapidement un « surdosage » précurseur de surpoids... Le premier jour, bébé boit environ 15 à 20 ml par biberon. Les rations augmentent quotidiennement d'environ 10 ml, à moduler en fonction du nombre de biberons pris sur 24 heures, de son poids de naissance et de son adaptation.
À la maison, vous augmenterez les rations progressivement en suivant les conseils qui vous seront donnés. Les dosages des biberons varient d'un enfant à l'autre en fonction de ses besoins et du nombre de biberons qu'il boit en 24 heures.

2 Opter pour un lait et une eau adéquats

Vous n'aurez pas le choix du lait en maternité. Si votre enfant le tolère bien, vous pourrez poursuivre avec le même lait à la sortie, mais rien ne vous y oblige !

Si vous ou le père du bébé présentez un terrain allergique important, votre bébé bénéficiera d'un lait dit « hypoallergénique » afin de lui éviter un contact précoce avec des allergènes.
Pour la préparation des biberons à la maison, il faut préférer des eaux pauvres en sels minéraux pour éviter une nocivité sur les reins de bébé. Les eaux minérales sont de composition stable, mais souvent trop riches en minéraux (pas toutes !), tandis que les eaux de source ont une composition plus aléatoire mais généralement plus faiblement minéralisée… L'idéal est d'alterner les deux, ou de trouver une eau minérale faiblement minéralisée ! L'eau du robinet est déconseillée car elle peut être contaminée par du plomb ou des nitrates, et sa qualité est très variable d'une région à l'autre.

3 Choisir le bon biberon

Biberon en verre ou en plastique ? Comme vous voulez ! Soyez vigilants à la qualité du biberon pour éviter les plastiques toxiques. Les tétines sont en silicone (blanches transparentes et fermes) ou en caoutchouc (brun et plus souple). Il faudra essayer, c'est votre enfant qui décidera. Un bébé glouton sera plus facilement modéré dans son repas si la tétine est rigide car il aura plus d'efforts à faire. À l'inverse, la prise du biberon d'un nouveau-né qui peine à boire sera peut-être facilitée par une tétine plus souple.

4 On stérilise ou pas ?

Ce sujet aussi est en plein bouleversement… Il y a quelques années, sans la stérilisation point de salut, et désormais, de nombreuses maternités vous informent que cette précaution n'est plus nécessaire. Prenez toujours soin de nettoyer précautionneusement les biberons et les tétines, c'est primordial. J'aurais tendance à vous inciter à les stériliser une fois de temps en temps… Pour cela, faites bouillir les biberons dans une casserole d'eau pendant 20 minutes, en ajoutant les tétines et les bagues en plastique les 5 dernières minutes. Faites-les sécher à l'envers sans les essuyer et fermez-les, après vous être soigneusement lavé les mains.

ma to-do list

____

____

____

____

____

____

____

____

____

____

____

La préparation du biberon

Commencez par mettre l'eau dans le biberon, froide ou chaude, peu importe.
Il faut toujours mettre un multiple de 30, car ce dosage correspond à une cuillère-mesure (c.-m.) de poudre de lait :

- 30 ml d'eau = 1 c.-m. rase de poudre de lait
- 60 ml d'eau = 2 c.-m. rases de poudre de lait
- 90 ml d'eau = 3 c.-m. rases de poudre de lait
- 120 ml d'eau = 4 c.-m. rases de poudre de lait, etc.

Par ailleurs, pensez bien à jeter un biberon préparé mais non consommé dans les 30 minutes qui suivent.

les 4 premiers jours
de vie de votre bébé

Conseil de pro

Pour lutter au mieux contre l'augmentation de l'ictère de votre nouveau-né, placez-le si possible sous la fenêtre afin qu'il bénéficie d'une bonne illumination : la lumière du jour aide au retraitement des pigments jaunes excédentaires. C'est même le principe du traitement de l'ictère : la photothérapie. Soyez vigilante tout de même à ce que bébé ne soit pas en plein soleil...

Votre enfant est né. Il va peu à peu s'adapter à son nouvel univers. Il passe pour cela par différentes étapes, qu'il est important de connaître pour suivre sereinement son évolution.

1 Jour 1

Votre enfant arrive juste... Il va alterner des phases de repos et d'éveil, mais il dort encore beaucoup. Il va commencer à s'alimenter au cours de ce premier jour de vie, mais n'a pas besoin de grandes quantités. Son estomac est tout petit, et il est encore empli de liquide amniotique et de sécrétions diverses qui maintiennent le taux de sucre dans son sang (sa glycémie). Pas de panique ! Il a tout son temps. Si vous avez choisi de lui donner votre colostrum dans les heures suivant sa naissance, il est calé pour un moment. Cette substance est particulièrement adaptée à ses premiers besoins, tant en quantité qu'en qualité.
Votre enfant va beaucoup uriner, si bien qu'à chaque change la couche est en principe trempée. Il va également émettre ses premières selles, le méconium, qui ont la particularité d'être noires, visqueuses, collantes et très abondantes.

2 Jour 2

Bébé perd du poids, et c'est tout à fait normal. Il boit de faibles quantités, qu'il soit nourri au sein ou au biberon, et élimine son eau excédentaire par ses urines abondantes. Le méconium est évacué, ce qui donne au total cette perte pondérale.
Son alimentation s'installe, il tète à la demande s'il est nourri au sein. Il s'agit tout de même d'une liberté relativement surveillée : si votre bébé a tendance à dormir beaucoup sans réclamer, on vous conseillera de le stimuler afin de lui proposer la tétée ou le biberon au bout de 4 heures environ. Inversement, si votre enfant réclame sans cesse, on préservera un laps de temps d'environ

2 h 30 à 3 heures entre deux biberons. En revanche, pour le sein, c'est vous qui jugez ! Il n'y a aucune menace de suralimentation du nouveau-né allaité, juste un risque de gerçure du bout de sein qui peut être douloureuse.

3 Jour 3

Votre bébé a encore perdu du poids. Il peut avoir perdu jusqu'à 10 % de son poids de naissance, et c'est toujours normal ! Désormais, il va pouvoir commencer à grossir. Si vous allaitez, le signal est la « montée de lait » : les seins vont secréter du lait blanc nacré, en quantité suffisante pour hydrater et apporter les graisses nécessaires à sa croissance. Il se peut que votre enfant soit un peu jaune, il s'agit d'un ictère physiologique. Environ un nouveau-né sur trois passe par cette étape. De nombreux globules rouges sont détruits lors de la naissance, libérant un pigment jaune appelé bilirubine, qui doit en principe être éliminé par les urines et les selles après un traitement spécial lors de son passage dans le foie. Mais voilà... Les pigments sont trop abondants pour le foie encore immature du nouveau-né, et l'usine de retraitement n'arrive pas à faire face ! Les pigments jaunes restent dans la circulation sanguine, se faufilent dans les capillaires sous la peau et donnent une délicieuse coloration pamplemousse au bébé. Un ictère trop marqué risquant de fatiguer l'enfant, une surveillance est effectuée quotidiennement par un flash lumineux sur le front et le thorax du bébé, et un traitement par photothérapie (un petit berceau lumineux) peut être mis en place pour donner un coup de pouce à l'élimination de la bilirubine. Ce n'est qu'une exposition au spectre bleu de la lumière, pas aux UV qui seraient nocifs !

4 Jour 4

Bébé a cessé de perdre du poids, peut-être en a-t-il même repris un peu. Son ictère a bien régressé, même si sa coloration reste encore un peu jaune. Son test de dépistage néonatal sera fait ce jour, à moins qu'il n'ait été prélevé la veille, cela dépend de son heure de naissance.

☑ ma
to-do list

les 3 mouvements à faire après l'accouchement

Conseil de pro

En post-partum, 10 séances de rééducation périnéale sont prises en charge par l'assurance maternité, ne passez pas à côté, c'est vraiment important ! Si jamais vous aviez négligé ces séances ou que vous ressentez le besoin d'apprendre à renforcer votre périnée, sachez qu'il n'est jamais trop tard. Votre médecin traitant ou votre gynécologue peut vous les prescrire à tout âge. Je vois régulièrement des femmes de plus de 80 printemps en rééducation périnéale !

Durant l'accouchement, le bassin s'ouvre, bouge. Il est important d'amorcer sa remise en place rapidement après l'accouchement. Idéalement, certains mouvements seront faits dans les deux heures suivant la naissance, avant d'avoir pris une position verticale.

1 Pour refermer le bassin

Monsieur, si vous êtes présent en salle de naissance auprès de votre compagne, c'est à vous d'intervenir ! Utilisez une écharpe ou un paréo que vous aurez apporté à cet effet. Glissez le tissu sous les fesses de votre femme, largement étendu jusqu'au creux du dos. Si une sage-femme ou une auxiliaire sympa est avec vous, demandez-lui un coup de main, c'est plus facile à deux... Il s'agit dans un premier temps de soulever le bassin de l'accouchée (elle ayant les jambes allongées) et de faire de petites oscillations pour permettre à l'utérus de se placer dans l'abdomen et au bassin de commencer à se replacer sans contrainte. En fait, vous balancez le bassin en le faisant rouler dans le hamac.
Votre compagne repose son bassin sur le lit. Il faut à présent refermer le bassin : si vous êtes à deux, croisez les extrémités de l'écharpe et tirez chacun de votre côté, comme si vous cherchiez à serrer une ceinture au maximum. Si vous êtes seul, roulez les deux extrémités au-dessus du pubis de votre compagne et tournez pour resserrer le tissu. Le serrage ne doit en aucun cas se faire sur le ventre, mais bien au niveau des os du bassin, os iliaques sur les côtés, pubis en avant. Si c'est bien fait, ça fait du bien ! Votre compagne sentira nettement le bassin se refermer.
Vous pourrez faire cet exercice de serrage du bassin régulièrement dans les jours suivants, 2 à 3 fois par jour.

2 Pour replacer la symphyse pubienne

Allongée sur le dos, jambes repliées. Votre compagnon maintient vos genoux fermés et vous tentez de forcer l'ouverture en soufflant. Attention ! il faut impérativement souffler en rentrant le bas du ventre lorsque vous faites cet effort, sinon vous pousserez vers le bas, distendant encore un peu plus votre périnée qui n'en a pas besoin. Si vous ressentez la moindre poussée, arrêtez tout, c'est que vous ne rentrez pas bien le bas du ventre.
Gardez ensuite la même position allongée, cette fois genoux écartés. Votre compagnon maintient vos genoux ouverts à l'aide de son avant-bras par exemple, et vous forcez pour refermer, toujours en soufflant et en rentrant votre ventre bien entendu.
Vous allez sentir que le pubis se replace. Faites cet exercice régulièrement dans les jours suivant l'accouchement, cela limitera les risques de petits déplacements de votre bassin. Une visite chez l'ostéopathe un mois après l'accouchement environ, et si tout va bien, il vous trouvera bien symétrique !

3 Pour préserver le périnée

Préserver votre périnée, c'est fondamental pour la suite de votre vie de femme. Reposez-vous, ne portez pas de charges lourdes et pensez, lorsque vous faites des efforts, à expirer en rentrant le bas de votre ventre. Vous ne devez pas sentir de poussée vers le bas lors de vos efforts.
Dès 6 à 8 semaines après l'accouchement, vous pourrez débuter votre rééducation périnéale. Plusieurs méthodes existent. La plus ancienne et la plus rébarbative est incontestablement l'électrostimulation avec une sonde placée dans le vagin. L'inconvénient de cette rééducation est qu'elle vous apprend peu à connaître votre périnée. Une méthode plus éducative existe, la CMP (connaissance et maîtrise du périnée). Elle vous permet de prendre conscience des différentes zones musculaires à rééduquer et vous dote d'exercices que vous réutiliserez tout au long de votre vie pour entretenir la tonicité de votre périnée. Vous apprendrez dans le même temps à corriger les mouvements parasites de poussée qui distendent vos muscles au quotidien. Une autre méthode, l'eutonie, parfois associée à la CMP, donne de bons résultats et aide à la statique du corps.

☑ ***ma***
to-do list ______

______

______

______

______

______

______

______

______

______

______

______

______

______

______

______

les 6 étapes du « post-partum »

Conseil de pro

N'utilisez pas de tampons pendant les semaines qui suivent l'accouchement. Outre le fait que la distension du vagin rendrait difficile leur maintien, les tampons faisant stagner les pertes dans le vagin risqueraient de favoriser une infection... Ce conseil est un peu inutile, car vous verrez qu'on n'a en général aucune envie d'introduire un corps étranger dans son vagin dans les jours suivant l'accouchement !

Dans les jours et les semaines qui suivent l'accouchement, le corps et la tête travaillent dur... Il faudra du temps et du repos pour que le métabolisme reprenne son fonctionnement d'avant-grossesse et pour prendre confiance dans ce tout nouveau rôle de maman.

1 L'utérus

Juste après l'accouchement et la délivrance, quand vous poserez la main sur votre ventre, vous sentirez une boule très ferme à la hauteur de votre ombilic : c'est l'utérus qui est très contracté afin de permettre la cicatrisation intérieure et lutter contre les saignements. Il va rester ferme et se contractera plus fort à certains moments, en particulier au moment des tétées si vous allaitez.

L'utérus, qui s'est incroyablement développé durant la grossesse, va débuter sa rétraction. Cela va durer environ trois semaines, à l'issue desquelles le muscle aura retrouvé son volume et son emplacement initiaux. Pour y parvenir, il va se contracter (encore !), surtout dans les deux jours qui suivent l'accouchement, provoquant parfois des douleurs. Ces contractions, appelées « tranchées », sont plus intenses et donc plus gênantes à partir du troisième enfant.

2 Les saignements

L'utérus, en se contractant, va entraîner des saignements. Très abondants les 24 heures suivant l'accouchement, ils s'estompent progressivement jusqu'à n'être plus que des petites pertes de type « fin de règles » au bout d'une dizaine de jours. Ces écoulements qui mêlent sang et sérosités vont néanmoins persister durant tout le processus de la rétraction utérine, c'est-à-dire environ trois semaines.

3 Le périnée

Attention, fragile ! Le périnée est très distendu après l'accouchement, alors que l'utérus pèse encore lourd... De plus, les muscles abdominaux qui se sont progressivement étirés durant la grossesse sont devenus trop grands et ne maintiennent plus les organes contenus dans l'abdomen. Il faudra être prudente et favoriser la position allongée dans les jours suivant l'accouchement.

4 Les seins

L'évolution des seins est très différente en fonction de votre choix d'allaiter ou non votre enfant. Si vous n'allaitez pas, il pourra vous être proposé un médicament qui empêchera la « montée de lait », cet œdème des seins du 3e jour environ. Ce médicament n'est pas anodin et peut provoquer des vertiges et des nausées. Si vous le prenez, fractionnez les prises et avalez-le toujours au milieu du repas ! Si vous ne le prenez pas, vous aurez certainement les seins gonflés et sensibles pendant deux ou trois jours. Demandez à la sage-femme de vous prescrire un remède homéopathique pour accompagner cette période (les remèdes fréquemment prescrits sont *Apis* et *Bryonia* en 9CH, mais une autre médication peut lui être préférée). Tout rentrera dans l'ordre rapidement et vos seins retrouveront leur volume d'avant la grossesse en quelques semaines. Si vous allaitez, le volume des seins persistera plus ou moins jusqu'au sevrage.

5 Les jambes

Si vous aviez les jambes gonflées en fin de grossesse, vous verrez que cet inconfort va disparaître rapidement. Il faut aider ce drainage en bougeant les jambes et les pieds, en tournant vos chevilles. Lorsque vous êtes assise, ne croisez pas vos jambes et prenez soin d'avoir toujours un appui sous la plante des pieds pour stimuler le retour veineux. Les bas de contention peuvent également être utilisés si cela vous fait du bien. Vous verrez, l'évacuation de toute l'eau du corps va se faire par une transpiration importante et une « polyurie » : un grand mot pour dire que vous urinerez beaucoup, et plus uniquement 3 gouttes toutes les 10 minutes comme en fin de grossesse !

6 ... et l'éventuel baby-blues

Le baby-blues est un petit épisode dépressif qui survient physiologiquement dans les jours qui suivent l'accouchement. Il résulte de la conjonction de plusieurs événements, hormonaux, physiques, psychologiques. Si la chute des hormones progestatives joue un rôle non négligeable, elle ne fait pas tout... La fatigue physique de l'accouchement, le manque de sommeil sont aussi des éléments déclencheurs, et la prise de conscience de la réalité de l'enfant et de la responsabilité qu'elle engage vient parfaire la fragilité maternelle. Une journée, parfois deux, plusieurs boîtes de mouchoirs, et tout rentre dans l'ordre. Si le malaise persiste, parlez-en, mais ne restez pas dans cet état.

ma
to-do list ______________

____

____

____

____

____

____

____

____

____

les 3 petits trucs pour le grand saut

Paul,
31 ans

“Pendant le séjour à la maternité, notre aîné était un peu tyrannique... Il voulait sa maman, mais pas la petite sœur ! Les visites à la maternité n’étaient pas des parties de plaisir avec lui : « Ne fais pas de bruit, ne monte pas sur lit, ne cours pas dans le couloir... » Une fois de retour à la maison, il a été rassuré de voir qu’on s’occupait de lui, et tout est rentré dans l’ordre dans les jours qui ont suivi.”

L’heure du retour à la maison a sonné. Vous vous sentez peut-être prête ou angoissée par ce retour, synonyme de face à face avec votre enfant et de toute nouvelle responsabilité. Il n’y a plus personne au bout de la sonnette... mais vous allez prendre vos marques et très vite vous rendre compte que vous commencez à bien connaître votre enfant.

1 Quand rentrer ?

Le séjour en maternité est variable selon les établissements. Il a toutefois une nette tendance à se réduire. Il dure généralement de 3 à 5 jours. Le troisième jour n’est pas idéal pour un retour à la maison, surtout si vous allaitez : la montée de lait est à son commencement, la fatigue et le baby-blues ne vous permettent pas de vous sentir au top de votre forme. Cependant, tout dépend de votre désir et de l’accompagnement dont vous jouirez chez vous. Vous pouvez bénéficier du suivi à domicile par la sage-femme libérale pour vous et votre nouveau-né les 7 premiers jours qui suivent l’accouchement. Si cette option vous tente, il est impératif d’en discuter avant la naissance du bébé pour être certaine de sa disponibilité. Le service de Protection maternelle et infantile peut également vous rendre visite ; une puéricultrice vous accompagnera dans les soins et les conseils pour votre nouveau-né.

2 Le rituel avec l’aîné

Si vous avez déjà un enfant, il est important qu’il ne soit pas exclu de l’étape du retour à domicile. Idéalement, votre conjoint viendra avec l’aîné vous chercher à la maternité pour « ramener » le petit frère ou la petite sœur à la maison. Il participe, ne se sent pas exclu, et la famille se constitue tranquillement. De retour chez vous, vous pourrez ensemble faire visiter son nouveau domaine au bébé, et commencer votre toute nouvelle vie...

3 Et les animaux domestiques ?

Les chiens et les chats sentent qu'un changement s'opère. Il faut être prudent, car les animaux sont parfois jaloux. Ne faites jamais une confiance aveugle à votre chien ou votre chat ; ne laissez jamais bébé seul dans une pièce avec l'animal. Il pourrait être surpris par ses pleurs, prendre peur, le faire tomber. Si vous avez un chien, vous devrez aussi veiller à ce que l'enfant soit toujours présenté en position dominante, plus haute que la tête du chien.
Les chats quant à eux aiment se coucher dans la chaleur et l'odeur du bébé. Soyez vigilants à fermer la porte de la chambre afin que le chat ne vienne pas se coucher sur l'enfant, provoquant ainsi un risque d'étouffement.
Et, bien entendu, attention à l'hygiène ! Ne laissez jamais le chien débarbouiller le bébé à grands coups de langue...

☑ ***ma***
to-do list ____________

____

____

____

____

____

____

____

____

____

____

____

____

____

____

____

____

____

____

____

____

les 3 choses à savoir sur la sexualité et la contraception

Céline
et Sofiane

“Nous avons mis 3 ans à concevoir notre premier enfant. Après l'accouchement, nous étions réticents à utiliser la pilule... Nous voulions un deuxième bébé, mais pas dans les trois mois, et le préservatif pour un temps long ne nous enchantait pas ! La sage-femme nous a parlé d'une méthode vieille comme le monde que nous ne connaissions pas, le diaphragme. Après un simple apprentissage pour l'utiliser correctement, nous nous en sommes servis comme contraception sans avoir à perturber les cycles spontanés.”

La sexualité et la contraception ne sont certes pas les premières préoccupations lorsque l'on vient d'accoucher... C'est toutefois un sujet très important qu'il ne faut pas négliger.

1 La sexualité...

Il n'y a pas de délai « normal » pour la reprise des rapports... Tout dépend de votre vécu de l'accouchement, de votre état général, de votre fatigue. Une chose est certaine, il faut prendre le temps d'en avoir envie... Entre le remodelage du corps, le sommeil manquant et la préoccupation permanente du bébé, le désir féminin met parfois du temps à revenir.
Sachez qu'il est important de ne pas vous inquiéter de ce manque de désir qui peut durer quelques mois. Parlez-en tous les deux si le sujet vous préoccupe, et prenez le temps de vous rapprocher l'un de l'autre, par la tendresse et l'attention mutuelles. Le désir sexuel reprendra sa place naturellement au sein de votre couple. Le plaisir reviendra également, progressivement... Pour la femme, la peur d'avoir mal, peut-être un peu de douleur à l'entrée du vagin s'il y a eu quelques fils, peuvent limiter le plaisir au début. Parfois, la distension musculaire du périnée qui « gaine » le vagin peut entraîner une diminution des sensations. La rééducation périnéale vous sera utile pour tonifier cette zone, retrouver des sensations, ou tout simplement en découvrir la richesse. Si vous aviez du plaisir avant, il reviendra.

2 La contraception quand on allaite

On entend souvent dire que l'allaitement protège de la survenue d'une nouvelle grossesse. Il est préférable

de ne pas faire confiance à cette affirmation qui n'est avérée que dans un contexte précis et d'utiliser un moyen de contraception dès le premier rapport. Pendant toute la durée de l'allaitement, les pilules contenant des œstrogènes et de la progestérone sont contre-indiquées, excepté Microval® et Cerazette®, qui ne contiennent que de la progestérone. Elles doivent être prises chaque jour, sans interruption entre les plaquettes et à heure régulière (pas plus de 2 heures de décalage quotidien pour Microval® !). Leur efficacité débute après 15 jours de prise régulière.
La même hormone est utilisée pour l'implant (Implanon®) ; il s'agit d'un bâtonnet imprégné de progestérone qui, placé dans le bras juste sous la peau, libère régulièrement son principe actif et assure une contraception pendant 3 ans. On peut bien sûr l'ôter avant ce délai si on souhaite une nouvelle grossesse.
Le stérilet, lui, peut en théorie être mis en place dans l'utérus 4 à 6 semaines après l'accouchement. Deux sortes existent : ceux qui contiennent de la progestérone et qui font quasi systématiquement disparaître les règles, et ceux qui n'utilisent que leur effet mécanique et qui respectent le cycle menstruel spontané et les règles. Gynécologues, médecins généralistes et sages-femmes peuvent vous le prescrire et le poser. Hormis le préservatif, les méthodes locales sont peu utilisées dans les 2 premiers mois suivant l'accouchement. Elles nécessitent l'introduction de corps étrangers dans le vagin, ce qui n'est pas évident si précocement. Demandez conseil à votre sage-femme ou votre médecin.

3 La contraception quand on n'allaite pas

La seule différence : l'utilisation des contraceptions hormonales. Les œstroprogestatifs sous toutes leurs formes peuvent être utilisés, en l'absence bien entendu de contre-indications personnelles : il s'agit des pilules, des patchs et de l'anneau vaginal. Les progestatifs restent également possibles (implant et pilules citées précédemment), tout comme les stérilets et les méthodes locales.

Attention ! Si vous prenez le médicament inhibiteur de la montée de lait, il faudra attendre la fin du traitement pour débuter une contraception hormonale, soit 3 semaines.

☑ ***ma*** to-do list

les 3 choses qui ne sont pas dans le mode d'emploi...

Parole
de sage-femme

"Ne vous laissez pas gagner par l'agacement. Lorsque votre enfant pleure, que vous êtes fatigués, que vous ne parvenez pas à le calmer, soyez très vigilants. Nul n'échappe à la perte de patience. Si vous sentez l'énervement puis la colère vous gagner, surtout, éloignez-vous de votre bébé, confiez-le à votre compagne ou votre compagnon, ou si vous êtes seul(e), couchez-le sur le dos dans son lit et sortez de la chambre. Il ne faut jamais secouer un bébé, or nous pouvons TOUS perdre patience. Il faut impérativement protéger votre enfant en vous éloignant afin de ne pas risquer un geste déplacé."

Un jour, un futur père m'a demandé un mode d'emploi pour comprendre son enfant en toute situation... L'idée était bonne, certes ! Mais voilà, un bébé ne ressemble pas à un autre bébé, il réagit selon sa personnalité, son environnement. Toutefois, quelques questions sont récurrentes. Voici quelques éléments pour vous aider à les comprendre.

1 Les pleurs du soir

Presque tous les nourrissons connaissent des épisodes de pleurs. Et c'est le soir, à la tombée de la nuit, qu'ils sont les plus fréquents et les plus déroutants. Bébé a bu, il est propre, tout le monde est à la maison... Tout est propice à la sérénité, eh bien non ! Il pleure, se tortille, s'assoupit 30 secondes... et repleure.
Ne culpabilisez pas, vous n'y êtes pour rien et bien souvent vos tentatives pour le calmer sont vaines. Si vous allaitez, essayez de le remettre au sein ; il se calmera peut-être dans votre chaleur, et même s'il a déjà bien bu auparavant, il ne risque pas d'être trop alimenté.
S'il est nourri au biberon, il ne faut surtout pas lui redonner un biberon alors qu'il a bien bu... il risquerait d'avoir mal au ventre. Il n'y a qu'une solution : le bercer, le câliner, essayer de le rassurer.
Ces « crises » peuvent durer une demi-heure, ou beaucoup plus longtemps ; elles se manifestent en général entre 20 heures et minuit...

2 La constipation

Le transit intestinal du nourrisson est différent s'il est allaité ou non.
La constipation est très rare voire inexistante chez le bébé allaité : il peut rester plusieurs jours sans selles pendant les périodes de forte croissance. Il ne présente bien entendu aucun signe de douleur, et son ventre est bien souple. Il doit en revanche uriner très régulièrement, signe de sa bonne hydratation.
Le bébé nourri au biberon rencontre plus fréquemment des problèmes de transit : on parle de constipation lorsqu'il y a moins de 3 selles par semaine. Le bébé est alors gêné, il présente des douleurs, des coliques, pleure et « pousse » sans résultat. Si cette situation dure, il faut demander conseil à votre médecin, et peut-être sera-t-il nécessaire de changer de lait. Avant d'en arriver là, essayez d'améliorer son transit grâce à une eau riche en magnésium comme l'Hépar® par exemple. Attention ! La forte minéralité de cette eau peut être nocive pour les reins de l'enfant à trop forte dose. Vous pouvez commencer par confectionner un biberon avec pour moitié de l'eau d'Hépar® et pour moitié votre eau habituelle. Si cela ne soulage pas bébé, recommencez lors d'un autre biberon. Il ne faudra jamais dépasser l'équivalent de 2 biberons entiers d'Hépar® par 24 heures.

3 Les régurgitations

Un nourrisson qui a bien bu régurgite presque toujours. J'entends par là des petits rejets de « trop-plein », sans pleurs, sans signe de douleur. Les jeunes parents connaissent bien l'inéluctable tache sur l'épaule après le biberon ou la tétée ! Inutile de s'inquiéter ou d'épaissir le lait. Si en revanche votre enfant régurgite à chaque biberon ou tétée, une ou deux heures après, en grimaçant de douleur et en pleurant, il est important de demander un avis médical, il peut s'agir d'un reflux gastro-œsophagien qui doit être soulagé. La manipulation par un ostéopathe donne parfois de très bons résultats.
Il peut se produire que le bébé de moins de 3 mois renvoie tout son biberon « en jet ». Si c'est très occasionnel et que l'enfant ne présente aucun signe inquiétant (fièvre, malaise...), cela correspond tout simplement à l'immaturité anatomique de son estomac. Le seul problème, c'est que cela se produit forcément quand on est pressés, habillés et prêts à partir !

☑ ***ma***
to-do list

index